8.B.

Peter Fischer

Erdkunde

POCKET TEACHER

Cornelsen
Power Learning

Der Autor

Peter Fischer schreibt Erdkundebücher und macht Unterrichtsfilme.
Er wohnt 53° 56' nördliche Breite / 9° 33' östliche Länge.
Mit Dank an den Wahlpflichtkurs der WBR Itzehoe

Gedruckt auf chlorfrei gebleichtem Papier
ohne Dioxinbelastung der Gewässer.

Bibliografische Information
Die Deutsche Bibliothek verzeichnet diese Publikation in der Deutschen Nationalbibliografie; detaillierte bibliografische Daten sind im Internet über http://dnb.ddb.de abrufbar.

Dieses Werk berücksichtigt die Regeln der reformierten Rechtschreibung und Zeichensetzung.

5.	4.	3.	2.	1.	Die letzten Ziffern bezeichnen
08	07	06	05	04	Zahl und Jahr der Auflage.

Redaktion: Dr. Volkhard Binder, Berlin
Layout: Uta Eickworth, Berlin
Umschlagentwurf: Bauer + Möhring, Berlin
Druck und Bindearbeiten: Clausen & Bosse, Leck
Printed in Germany
ISBN 3-589-21895-9
Bestellnummer 218959

Inhalt

Räumliche Orientierung 89

Methoden und Arbeitstechniken

Vorwort

Liebe Schülerinnen, liebe Schüler!

Der handliche POCKET TEACHER bringt euch viele Vorteile: Er informiert knapp und genau. Alles ist übersichtlich geordnet und leicht verständlich. Ihr könnt die gewünschten Infos am schnellsten über das Stichwortverzeichnis am Ende dieses Bandes finden. – Stichwort vergessen? Dann schaut ihr am besten ins Inhaltsverzeichnis und sucht im entsprechenden Kapitel nach dem Wort.

Im Text eures POCKET TEACHER findet ihr farbige Pfeile ↗. Sie verweisen auf andere Stellen im Buch, wo ihr weitere Informationen zum selben Thema findet. Natürlich kann die POCKET-TEACHER-Reihe ausführliche Schulbücher mit Übungen und Beispielen nicht ersetzen. Das soll sie auch nicht. Sie ist eure Merkhilfe-Bibliothek für alle Gelegenheiten, besonders für Hausaufgaben und die Vorbereitung von Klassenarbeiten.

„Erde“ ist cool, oder? Na ja, nicht immer, das wäre auch zu viel verlangt. Aber ein bisschen mehr als andere von der Welt zu wissen, kann nur von Vorteil sein. Du musst ja nicht gleich bei „Wer wird Millionär“ mitmachen.
Wer im Erdkundeunterricht mal abgeschaltet hat, hat mit dem Pocket Teacher Gelegenheit, Versäumtes schnell nachzuholen. Themen, Räume, Karten, Begriffe, Schaubilder, Arbeitsweisen: übersichtlich, kurz, komprimiert, aber verständlich. Für wichtige Themen gibt es einen Merksatz. Damit wird das Wesentliche auf einen Blick erfasst. Karten auswerten, ein Diagramm erstellen, das Internet nutzen, ein Referat vorbereiten? Kein Problem. Im Pocket Teacher gibt es die richtige Anleitung.

Also: Mach dich fit. Er(d)kunde die Welt.

Themen und Räume

1 Die Erde im Überblick

Unser Sonnensystem

150 Mio. km (= Astronomische Einheit) beträgt die mittlere Entfernung Erde – Sonne. Ein Lichtjahr ist die Entfernung, die das Licht in einem Jahr zurücklegt: 9,461 Billionen km. Der Polarstern ist von der Erde 652 Lichtjahre entfernt. Ein Sonnenstrahl braucht bis zur Erde 8,25 Minuten.

Die Sonne ist der Mittelpunkt unseres Planetensystems. Ihre Oberfläche ist rd. 12 000-mal größer als die der Erde. Sie ist ein ***Fixstern***, d. h. sie ändert scheinbar ihren Platz nicht. Neun ***Planeten*** ziehen auf elliptischen Bahnen um die Sonne. Ein Planet (= Wandelstern) ist ein kugelähnlicher Himmelskörper, der Sonnenlicht reflektiert. Er wird von der Anziehungskraft der Sonne auf seiner Bahn gehalten. Jupiter ist der größte, Pluto der kleinste Planet. Die Erde steht an 5. Stelle. Die Planeten werden von ***Monden*** umlaufen. Außerdem bewegen sich auf einer Ellipsenbahn um die Sonne rd. 1 Mio. ***Asteroide***, das sind Kleinplaneten unter 60 km Durchmesser, und über 700 ***Kometen*** (Haar- oder Schweifsterne).
Die Erde wird von einer Lufthülle umgeben, die sie vor schädlichen Strahlen aus dem Weltraum schützt. Sie bietet als einziger Planet die Voraussetzungen, dass Leben existieren kann.

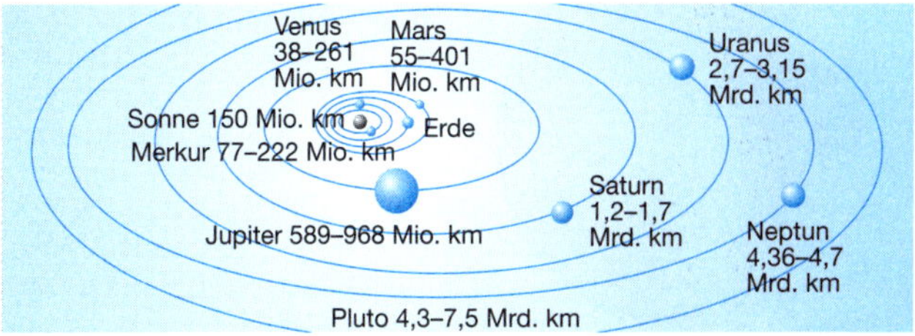

Unser Sonnensystem – Abstand der Erde von Sonne und Planeten

Gestalt und Aufbau

Die Erde hat eine Kugelgestalt. An den Polen ist sie abgeplattet, am ***Äquator*** „ausgebeult". Wegen der Drehung der Erde ist die Bahngeschwindigkeit am Äquator am höchsten, an den Polen gleich null. Der Äquatorumfang beträgt 40 077 km, der Umfang der beiden Längenhalbkreise von Pol zu Pol ***(Meridiane)*** nur 40 009 km. Bis zum Erdmittelpunkt sind es von der äußeren Erdkruste am Äquator 6378 km, von den Polen jeweils „nur" 6356 km.

Umfang am Äquator und über die Pole

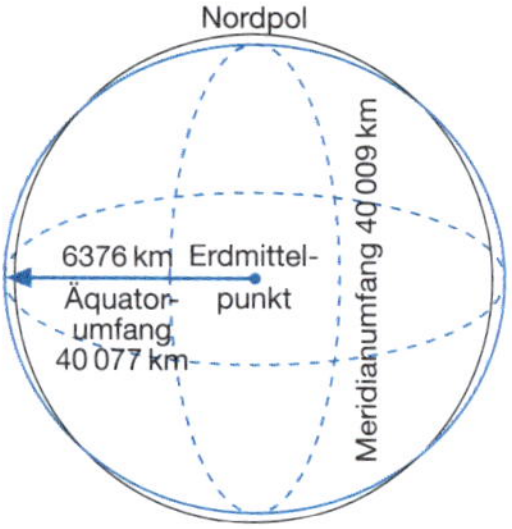

Die Erde setzt sich aus übereinander liegenden Schalen zusammen. Die äußere Schale ist die ***Erdkruste.*** Sie umfasst zwei Schichten. Die obere Kruste besteht aus Vulkan- und Sedimentgestein (verfestigte Ablagerungen). Chemisch handelt es sich um Silicium-Aluminium-Verbindungen *(Sial)*. Die untere Kruste ist eine Silicium-Magnesium-Verbindung *(Sima)*. Auf sie folgt der ***Erdmantel*** aus zähflüssigem Gestein, dem ***Magma.***

Die Erde hat eine Fläche von 510 Mio. km². 361 Mio. km² (71 %) sind mit Wasser und 149 Mio. km² (29 %) mit Land bedeckt.

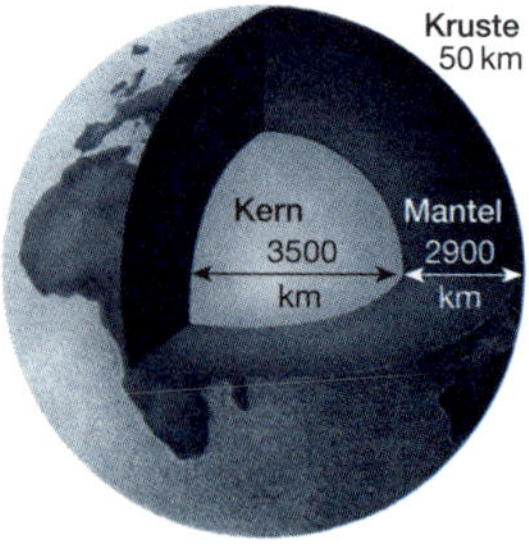

Schalenaufbau der Erde

Mit zunehmender Tiefe steigt die Temperatur und erreicht im ***Erdkern*** über 5000 °C. Über die Zusammensetzung des Kerns gibt es nur Vermutungen. Einige Geologen gehen davon aus, dass er aus flüssigem Nickel-Eisen *(Nife)* besteht, wegen des hohen Drucks möglicherweise aber auch fest ist. Andere vermuten ein Wasserstoff-Helium-Gas wie auf der Sonne.

Drehung der Erde

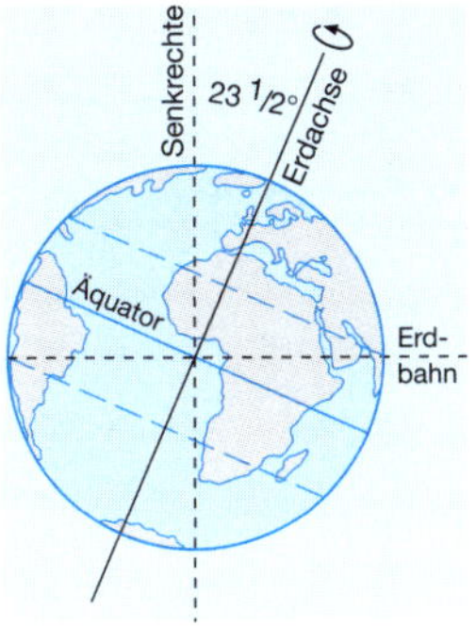

Neigung der Erdachse

In 24 Stunden dreht sich die Erde einmal von West nach Ost um ihre eigene Achse. Die ***Erdachse*** ist geneigt., d.h. sie steht schief zur Bahn um die Sonne. Die Abweichung zur Senkrechten beträgt 23 1/2 Grad. Auf der von der Sonne beleuchteten Erdhälfte ist Tag, auf der von der Sonne abgekehrten Seite – im Schatten der Sonne – herrscht Nacht.
Die Erde führt, wie alle Planeten, neben der Drehung um die eigene Achse noch eine zweite Bewegung durch. Sie bewegt sich von West nach Ost auf einer ellipsenförmigen Bahn, der ***Erdbahn,*** mit einer Geschwindigkeit von 30 km pro Sekunde um die Sonne. Die Umlaufzeit dauert 365 1/4 Tage, also etwas länger als ein Jahr. Zum Ausgleich wird jedes 4. Jahr im Schaltjahr der 29. Februar eingeschaltet. Die Erdachse behält auch bei ihrer jährlichen Umlaufbahn um die Sonne ihre Neigung von 23 1/2 Grad bei. Deshalb bescheint die Sonne ein halbes Jahr länger die nördliche Halbkugel und ein halbes Jahr länger die südliche Halbkugel. Dadurch entstehen die Jahreszeiten. Angenommen, die Erdachse würde senkrecht stehen, dann würde die Sonne jeden Punkt der Erde gleichmäßig bescheinen und Tag und Nacht wären gleich lang.

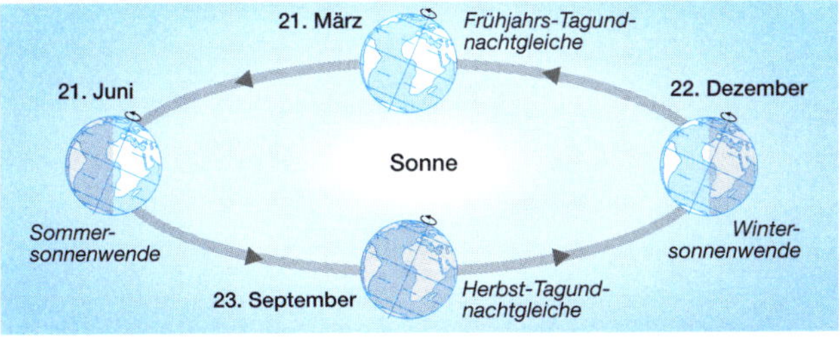

Umlaufbahn der Erde um die Sonne

Zeitzonen

Eine Zeitzone ist ein Gebiet mit einheitlicher Zeit. Sie verläuft zwischen zwei Längenkreisen. Abweichungen auf dem Festland ergeben sich durch Ländergrenzen.

Auf der Erde gibt es 24 Zeitzonen. Jede Zeitzone ist 15 Längengrade breit. Da die Erde sich in 24 Stunden um ihre eigene Achse, d. h. um 360 Grad dreht, lautet die Rechnung 360°:15°=24. Der Zeitunterschied von einer Zeitzone zur nächsten beträgt folglich 1 Stunde.
Der ***Nullmeridian*** (nullter Längenkreis) verläuft durch Greenwich, einen Vorort von London. Die Uhrzeit in Greenwich heißt ***Weltzeit,*** früher *Greenwich Mean Time (GMT),* heute *Universal Time Coordination (UTC).* Überquert man eine Zeitzone nach Osten in Drehrichtung der Erde, muss eine Stunde hinzugezählt werden. Wenn es in Greenwich z. B. 12 Uhr ist, ist es in Deutschland 13 Uhr (UTC+1 Stunde). Fährt man nach Westen, muss für jede Zeitzone eine Stunde abgezogen werden. Bei einer Reise um die Welt von West nach Ost müsste die Uhr theoretisch 24-mal um eine Stunde vorgestellt werden. Dann hätte man im Kalender einen ganzen Tag gewonnen. Auf einer Reise von Ost nach West gegen die Drehrichtung der Erde würde man einen Tag verlieren. Zum Ausgleich gibt es die ***Datumsgrenze.*** Sie fällt mit dem 180. Längengrad zusammen. Bei der West-Ost-Überquerung wird das gleiche Datum doppelt gezählt, bei der Ost-West-Überschreitung ein Tag übersprungen.

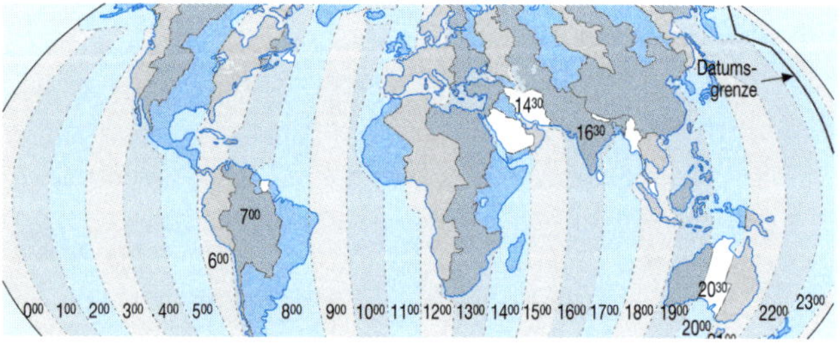

Die Zeitzonen (Uhrzeiten bei 12.00 Uhr mitteleuropäischer Zeit)

Zerbrechliche Erdkruste

Die Erde besteht aus schwimmenden Platten. Auf ihnen „sitzen“ die Kontinente und Meere. Die ***Platten*** bewegen sich ähnlich wie Eisschollen auf dem Wasser, wenn Wind oder Strömung aufkommt. Grund ist das heiße Magma aus dem Erdmantel. Es steigt auf, kühlt ab und sinkt wieder nach unten.

Vor 200 Mio. Jahren gab es den Superkontinent ***Pangäa*** (von Griechisch *pan* = ganz; *gäa* = Erde). Umgeben war er von einem Urozean. Beim Auseinanderbrechen vor 135 Mio. Jahren entstanden die beiden Großkontinente *Laurasia* und *Gondwana*. Das Mittelmeer, das sich dazwischen bildete, wird als ***Tethysmeer*** bezeichnet *(Tethys* war in der griechischen Götterwelt die Frau des Meeresgottes *Okeanos)*. Vor 65 Mio. Jahren, als das Erdmittelalter endete und die Erdneuzeit begann, zerbrachen die Großkontinente.

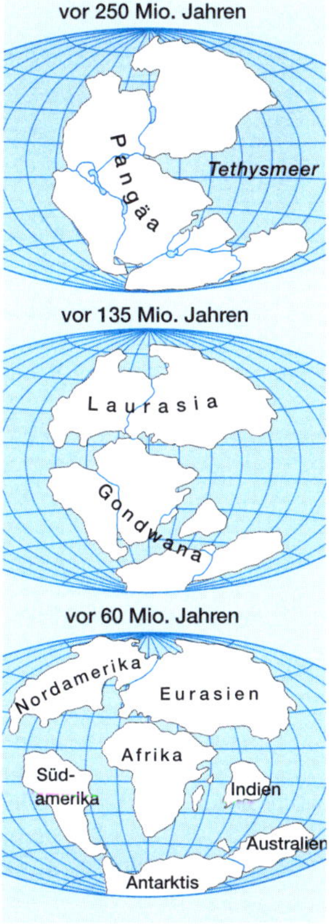

Das Wandern der Kontinente

Aus Laurasia wurden Nordamerika und Eurasien, aus Gondwana Südamerika, Afrika, Indien, Australien und die Antarktis. Dabei entstanden auch der Atlantische und der Indische Ozean. Die Platten sind noch nicht zur Ruhe gekommen. Sie driften weiter: Afrika bewegt sich auf Europa zu, Indien drückt gegen den Himalaya, Nord- und Südamerika wandern nach Westen.

Kräfte aus dem Erdinnern

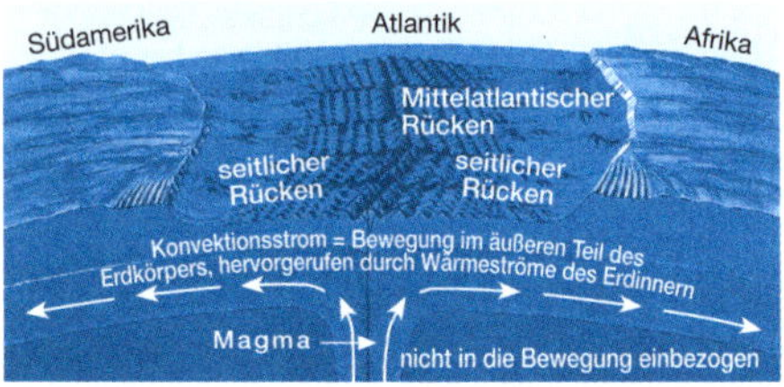

Der Mittelatlantische Rücken

Die Kontinente und Ozeane liegen auf Gesteinsplatten. Darunter befindet sich eine verformbare Schicht, die vom Erdmantel erwärmt wird. Erfolgt die Erwärmung unter einem Ozean, hebt sich die Erdkruste, zerbricht, die Platten driften auseinander. In dem Riss steigt Magma auf und füllt ihn aus. Wenn noch mehr Lava ausströmt, entstehen untermeerische Gebirge wie der ***mittelatlantische Rücken.*** Das Gebirge unter Wasser ist bis zu 3000 m hoch. Taucht eine ozeanische Platte unter eine kontinentale – der Fachausdruck heißt ***Subduktion*** (von Lateinisch sub = unter, ductio = Führung) –, schmilzt sie und wird zu Magma. Oft steigt das Magma unter hohem Druck wieder auf und bricht als ***Vulkan*** aus. Die meisten Vulkane gibt es dort, wo ozeanische Platten unter kontinentale abtauchen (↗ Karte Erdbeben- und Vulkangebiete der Erde, S. 106).

Reiben sich die Platten aneinander, entstehen Spannungen. Der plötzliche Ausgleich erfolgt in einem Ruck, d. h. in einem ***Erdbeben.*** Ein bekanntes Beispiel für eine derartige ***Schwächezone der Erde*** ist die San-Andreas-Verwerfung in Kalifornien. Dort bewegen sich die Amerikanische Platte und die Pazifische Platte gegeneinander. Wenn zwei kontinentale Platten aufeinander stoßen, werden die Ablagerungen, die sich zwischen den Platten gebildet haben, zusammengeschoben. So sind die jungen ***Faltengebirge*** von den Anden in Südamerika über die Alpen bis zum Himalaya entstanden. Da die Platten weiter aufeinander zudriften, „wachsen" die Faltengebirge immer noch – die Alpen rund 1 cm pro Jahr.

Magma ist 1000–1400 °C heißes, glutflüssiges Gestein im Erdinnern. Tritt es an der Erdoberfläche aus, nennt man es Lava.

Formenwandel an der Erdoberfläche

Von außen wirkende ***exogene Kräfte*** tragen Gebirge ab, ebnen Hügelländer ein, füllen Senken auf. Solche Kräfte sind Hitze und Kälte, Wasser und Wind, Eis und die Schwerkraft. Exogene Kräfte zerstören Gesteine und wandeln sie um. Bei der ***mechanischen Verwitterung*** führen hohe Temperaturunterschiede zum Abplatzen oder Zerplatzen. Auch wenn Wasser in Spalten oder Poren eindringt und gefriert, sprengt es das Gestein. In Regen- und Sickerwasser enthaltene Stoffe lösen eine ***chemische Verwitterung*** aus. So kann Regenwasser Kohlendioxid aufnehmen und damit Kalk auflösen. Nach der Verwitterung setzt die ***Abtragung (Erosion)*** ein. Die stärkste Kraft entfalten Flüsse. Im Oberlauf ist die Transportkraft so groß, dass selbst große Steine talwärts rollen. Sie stoßen aneinander und werden abgerundet, bis aus dem Geröll feinstes Material wird. Der Wind trägt ebenfalls Lockermaterial ab und verfrachtet es. Fehlt die Pflanzendecke, entstehen Staubstürme. Sobald die Windstärke nachlässt, lagert sich das Material ab. Beispiele sind die Dünen in den Wüsten und die Lössablagerungen vor den deutschen Mittelgebirgen oder am Oberlauf des Hwangho in China. Auch das Inlandeis der Eiszeiten formte Landschaften. Felsbrocken, Kies und Sand wurden von den Gletschern mitgeschleppt und abgelagert. Wo das Wasser nicht im Urstromtal abfließen konnte, entstanden Seen.

Canyon

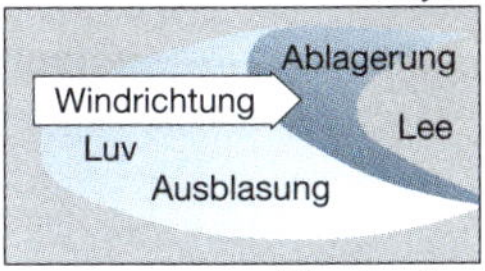

Wanderdüne

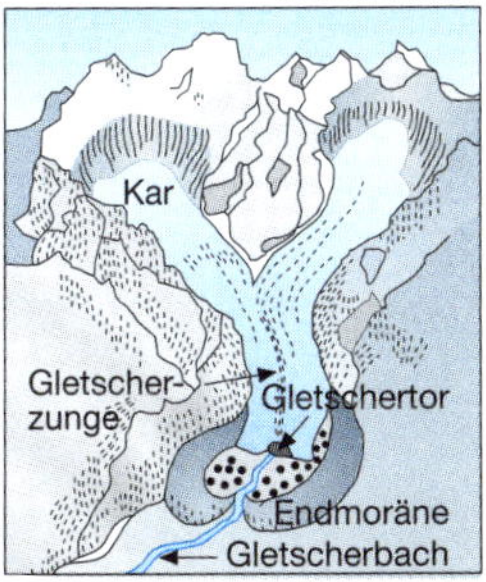

Gletscher

Die Oberflächenformen der Erde werden als Relief bezeichnet. Durch exogene Vorgänge wird das Relief wieder eingeebnet.

Naturkatastrophen

Am gefürchtetsten sind ***Erdbeben*** (↗ Karte S. 106). Sie kündigen sich selten vorher an. ***Seebeben*** lösen Flutwellen aus, sog. ***Tsunamis.*** Als Riesenwellen bis zu 30 m hoch treffen sie auf die Küsten. Besonders gefährdet sind die Küsten des Pazifiks und des östlichen Indischen Ozeans.

Vulkanausbrüche lassen sich dank moderner Messeinrichtungen und Webkameras besser vorhersagen. Trotzdem verlieren jedes Jahr Menschen bei einem Ausbruch alles was sie haben, weil sie wegen des fruchtbaren Bodens nicht wegziehen.

Wirbelstürme entstehen über warmen Ozeanflächen und erreichen Windgeschwindigkeiten bis zu 350 km/h. Sie bringen Starkregen, Sturmfluten und Überschwemmungen. Besondere Gefahr besteht, wenn wie in Bangladesch der Sturm das Wasser gegen die flache Küste drückt. In der Karibik und in Nordamerika heißen die Wirbelstürme *Hurrikane* und *Cordonazos,* in Ostasien *Taifune,* in Australien *Willy Willies.* Ebenso gefürchtet sind die *Bengalen-* und *Mauritiusorkane. Tornados* sind Wirbelstürme über dem Festland der USA. Dürren entstehen aus der Kombination von Trockenperioden und menschlichem Einfluss wie Abholzung und Überweidung.

Naturkatastrophen wie Erdbeben, Vulkanausbrüche, Wirbelstürme, Dürren oder Überschwemmungen sind außergewöhnliche Naturereignisse. Sie verursachen große Schäden.

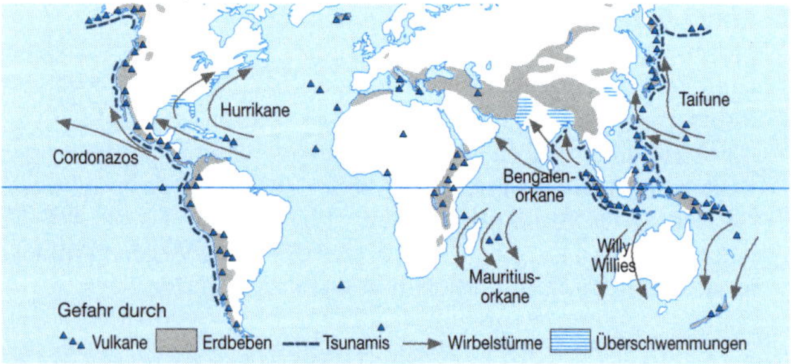

Katastrophengefährdete Gebiete der Erde

3 Klima- und Vegetationszonen

Kalte Zonen

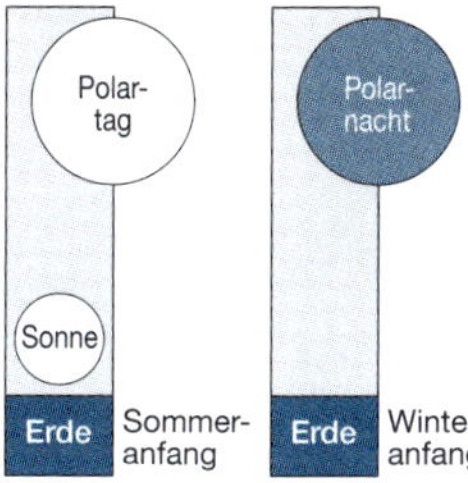

Der Polartag dauert 24 oder mehr Stunden. Die Sonne steht über dem Horizont. In der Polarnacht bleibt sie 24 Stunden oder länger unter dem Horizont. Sie scheint also nicht.

Die Kälte setzt dem Menschen Grenzen. Am besten angepasst waren früher die Inuit auf Grönland. An die Kältewüste in der ***Polarregion*** schließt sich die Zone der ***Tundra*** an (finnisch *tunturi* = flache, waldlose Gipfel). Wegen der eisigen Winterstürme wachsen nur Moose, Flechten und Zwergsträucher. Sie dienen Rentieren, in Nordamerika Karibu genannt, als Nahrung.
Die nördlichste Großstadt ist Norilsk in Sibirien. Sie liegt rd. 700 km nördlich des Polarkreises und wurde 1935 als Bergbauort gegründet. Ein besonderes Problem ist der ***Dauerfrostboden,*** der auch den Norden Kanadas einnimmt. Der bis zu 400 m mächtige Dauerfrostboden taut im Sommer nur an der Oberfläche auf. Häuser und Verkehrsanlagen stehen auf Pfählen.

Lage jenseits 60° nördlicher Breite; Jahresmitteltemperatur um 0 °C, lange kalte Winter, geringe Niederschläge

Südlich der Tundrenzone folgt der ***boreale Nadelwald*** (griechisch *boreas* = Nordwind). Er besteht aus Fichten, Lärchen und Kiefern und kommt nur auf der nördlichen Halbkugel in Nordamerika, Skandinavien und Russland vor. Die Vegetationszeit dauert 3–4 Monate. Die Fichten sind ein wertvoller Rohstoff für die Holzwirtschaft. Wie im tropischen Regenwald kommt es auch im borealen Nadelwald zu einer Übernutzung. Am Raubbau in Sibirien sind japanische und südkoreanische Konzerne beteiligt.

Gemäßigte Zonen

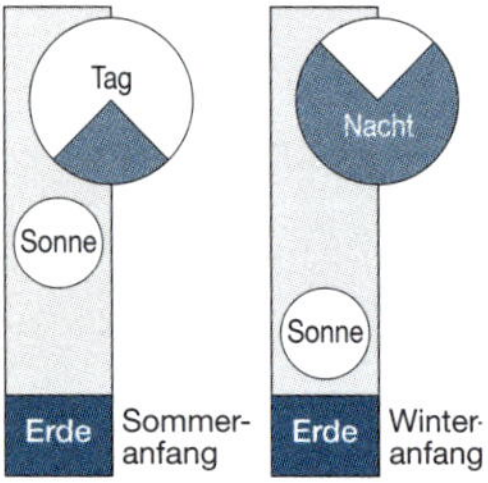

Zum Sommeranfang steht die Sonne relativ hoch. Sie scheint bis zu 18 Stunden. Beim Winteranfang steht sie nur wenig über dem Horizont.

Die Westseiten von Nordamerika und Europa liegen im Einflussbereich der Westwinde. Feuchte Meeresluft ist für das ***ozeanische Klima*** mit langen, meist kühlen Sommern und milden Wintern verantwortlich. Das ***Seeklima*** wird auch als ***kühlgemäßigtes Klima*** bezeichnet.
Im Landesinneren der Kontinente sind die Temperaturunterschiede zwischen Sommer und Winter sehr groß. Das ***kontinentale Klima*** ist trocken und winterkalt. In Mitteleuropa ist eine Zone mit ***Übergangsklima*** besonders ausgeprägt. Sie wird durch feuchte Meeresluft aus Westen oder trockener Festlandsluft aus Osten bestimmt. Wo in der kühlgemäßigten Zone genügend Niederschlag fällt, wuchsen früher Laub- und Mischwälder mit Buchen, Eichen, Ahorn, Ulmen, Linden und Nadelbäumen. Sie wurden größtenteils gerodet und in Acker- und Grünland umgewandelt.

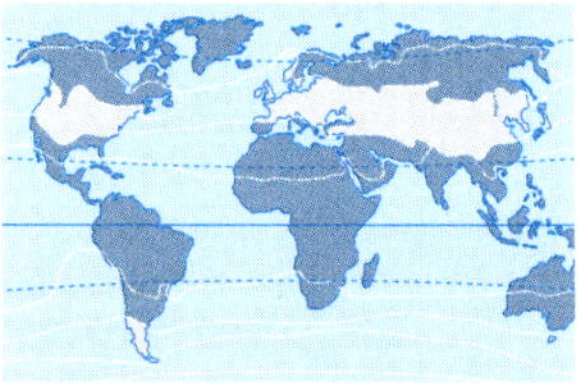

Lage 40° bis 60° nördliche und südliche Breite; vier Jahreszeiten, Jahresmitteltemperatur um 8 °C

Im Innern der Kontinente liegen weite baum- und strauchlose Ebenen, die ***Steppen.*** Der Niederschlag ist so gering, dass kein Wald aufkommen kann, sondern nur gegen Dürre unempfindliche Gräser wachsen. Heute werden in der winterkalten Trockenzone Nordamerikas und Zentralasiens die Graslandschaften, amerikanisch ***Prärien,*** in Argentinien ***Pampa,*** für den Getreideanbau genutzt.
Die gemäßigte Zone der nördlichen Halbkugel weist eine hohe Bevölkerungsdichte auf. Hier liegen die bedeutendsten Industriestaaten der Welt und auch die landwirtschaftliche Produktivität ist hier am höchsten.

Subtropische Zonen

Die Zone zwischen 20° und 40° geographischer Breite auf beiden Erdhalbkugeln ist der Übergangsbereich zwischen den Tropen und den gemäßigten Zonen. Im Bereich der Wendekreise liegen große Wüstengebiete – die Wendekreiswüsten – wie die *Sahara,* die *Arabische Wüste,* die *Namib* in Südafrika und die *Große Sandwüste* in Australien. Die Temperaturunterschiede zwischen Tag und Nacht können sehr hoch sein.

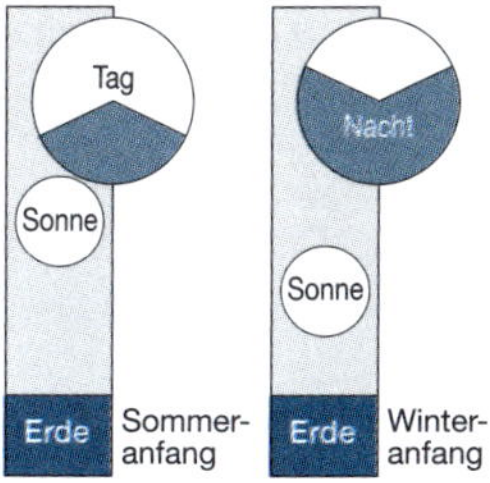

Die Sonne steht zum Sommerbeginn hoch am Himmel und scheint rd. 15 Stunden. Zum Winteranfang scheint sie ca. 9 Stunden.

An den Westseiten der Kontinente, z. B. in Kalifornien, Chile, Australien und im Mittelmeergebiet herrscht ein ***warmgemäßigtes Klima.*** In diesem ***mediterranen Klima*** bringen Westwinde im Winter Niederschläge. Deshalb spricht man auch von ***Winterregenklima.*** An der Ostseite der Kontinente sorgt feuchte Meeresluft für ganzjährige Niederschläge.

Typische Bäume in den Winterregengebieten sind Pinien, Zypressen, Zedern, Wacholder, Olivenbäume, Stein- und Korkeichen sowie der aus Australien stammende Eukalyptusbaum. Sie passen sich der sommerlichen Trockenheit mit ihren harten, lederartigen Blättern gut an.

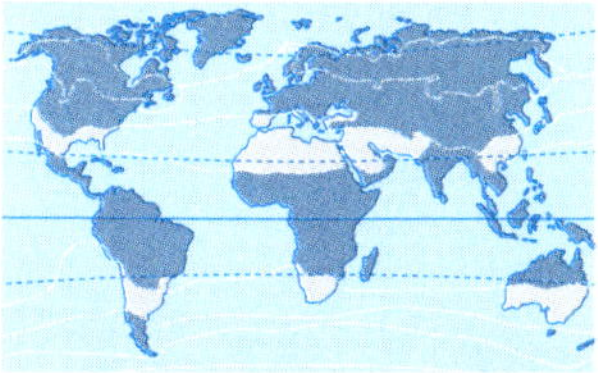

40° nördliche Breite bis nördlicher Wendekreis sowie 40° südliche Breite bis südlicher Wendekreis; heiße Sommer, milde Winter

Die früheren immergrünen ***Hartlaubwälder*** mussten oft Kulturpflanzen wie Apfelsinen, Zitronen, Wein, Feigen, Mandeln oder Kiwis weichen. An der Ostseite der Kontinente wachsen subtropische ***Feuchtwälder.*** Am bekanntesten sind die in Asien beheimateten Teakholzbäume und verschiedene Bambusarten.

Tropische Zone

Die ***Tropen*** (griechisch *trope* = Wende) gliedern sich in die immerfeuchten Tropen beiderseits des Äquators und die sich nördlich und südlich anschließenden ***wechselfeuchten Tropen***. Die immerfeuchten Tropen erhalten ganzjährig Niederschläge. Die Temperaturschwankungen im Jahresverlauf betragen 1–3 °C, die Unterschiede zwischen Tag und Nacht 10 °C und mehr. Es handelt sich um ein ***Tageszeitenklima.*** In den wechselfeuchten Tropen bestimmt der wechselnde ***Zenitalstand*** der Sonne die Regen- und Trockenzeit. Steht die Sonne mittags senkrecht über einem Ort, so erwärmt sie den Boden sehr stark, der wiederum die Luft erhitzt. Die Luft nimmt viel Feuchtigkeit auf, steigt bis in 18 km Höhe und kondensiert. Es bilden sich Wolken. Die Niederschläge heißen ***Zenitalregen.***

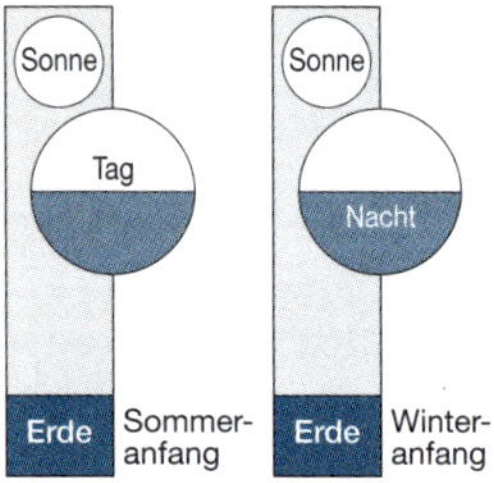

Mittags steht die Sonne sehr hoch, zum Frühlings- und Herbstanfang senkrecht über der Erde (im Zenit).

Die immerfeuchten Tropen geben dem immergrünen ***tropischen Regenwald*** günstige Wachstumsbedingungen. Merkmale sind *Stockwerkbau* und *Artenreichtum.* Ursprünglich betrieben die Bauern ***Brandrodung*** und ***Wanderfeldbau.*** In den letzten Jahrzehnten wurden große Flächen des tropischen Regenwaldes vernichtet, um Platz für landlose Bauern und Plantagen zu schaffen.

Die Zone des tropischen Regenwaldes geht nördlich und südlich in die ***Feuchtsavanne*** mit lockerem Baumbestand und bis zu mehreren Metern hohen Gräsern über.

An sie schließt die grasbedeckte ***Trockensavanne*** an, der Übergangsraum zu den Wendekreiswüsten.

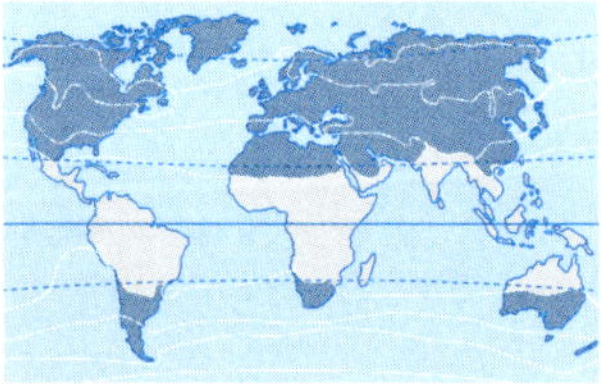

Lage beiderseits des Äquators zwischen den Wendekreisen; Jahresmitteltemperatur in den inneren Tropen 25 °C, keine temperaturbedingten Jahreszeiten

4 Entwicklungsländer – Probleme und Chancen

Unterentwicklung = Armut

Am Anfang des 21. Jahrhunderts mussten 1,2 Mrd. Menschen mit weniger als 1 Euro pro Tag auskommen. Unterhalb der ***Armutsgrenze*** lebten 40 % der Bevölkerung in ***Entwicklungsländern*** Südasiens und Afrikas südlich der Sahara. In Ostasien, Lateinamerika und der Karibik betrug der Anteil rd. 15 %, in Zentralasien „nur" 5 %. Kennzeichen für ein Entwicklungsland sind niedriger Lebensstandard auf Grund des geringen Pro-Kopf-Einkommens, große Unterschiede zwischen Arm und Reich, hohe Arbeitslosigkeit, vorwiegende Beschäftigung in der Landwirtschaft, arbeitsintensive Produktionsverfahren, mangelndes Know-how von Unternehmern, unzureichende Infrastruktur (schlechte oder nicht vorhandene Verkehrs-, Versorgungs-, Bildungs- und Gesundheitseinrichtungen). Weitere Indikatoren sind nicht ausreichende Versorgung mit Nahrungsmitteln, hohe Säuglingssterblichkeit und hohe Analphabetenrate, besonders bei Frauen. Jeder Faktor verursacht einen weiteren. Aber alles bewegt sich nur im Kreis. Die ***Teufelskreise*** zusammen ergeben den Zustand der Armut, eine scheinbar aussichtlose Lage.

Ein Entwicklungsland ist ein Land, das wirtschaftlich, technisch und sozial hinter den Industrieländern zurückgeblieben ist.

Den ungleichen Entwicklungsstand innerhalb eines Landes bezeichnet man als wirtschaftliche und soziale ***Disparität*** (Verschiedenheit). Räumliche Disparitäten kennzeichnen die unterschiedliche Entwicklung zwischen der Hauptstadt und den übrigen Gebieten eines Landes.

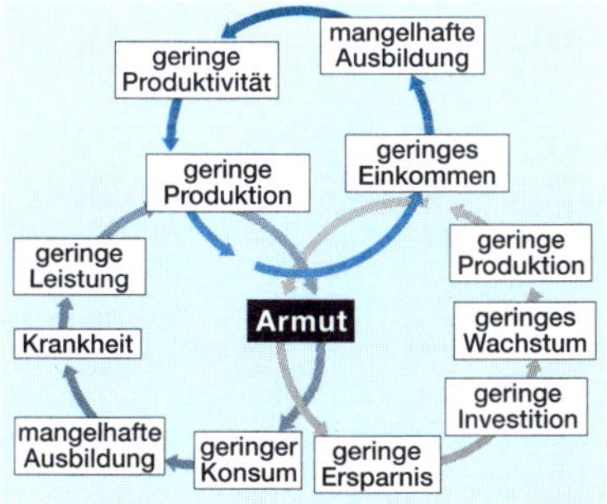

Teufelskreise der Armut

Nord-Süd-Gefälle

Den Gegensatz zwischen den reichen, hoch entwickelten Ländern im Norden und den armen Entwicklungsländern im Süden bezeichnet man als Nord-Süd-Gefälle.

Die meisten Entwicklungsländer liegen in den Tropen und Subtropen, die alten Industrieländer hingegen alle in der nördlichen gemäßigten Klimazone. Entwicklungsländer sind keine Staatengruppe. Die Weltbank teilt die Länder der Erde nach dem Einkommen ein. Der Ausdruck ***Dritte Welt*** ist eigentlich falsch, obwohl er immer noch gebraucht wird.
Vergleicht man die einzelnen Kennzeichen für Entwicklung und Unterentwicklung (↗ S. 19), steht bei den Industrieländern immer ein „hoch“, „gut“ oder „überreich“ davor. Bei den Entwicklungsländern lautet die entsprechende Kennzeichnung „gering“, „unzureichend“ oder „niedrig“. Nur beim Bevölkerungswachstum liegen die Entwicklungsländer vorn.
Aus den unterschiedlichen wirtschaftlichen und politischen Entwicklungschancen von Entwicklungs- und Industrieländern entstand der ***Nord-Süd-Konflikt.*** Den Industrieländern wurde bewusst, wie stark sie von den Rohstoffexporten der Entwicklungsländer abhängen. Trotz kleiner Erfolge, z. B. bei der Armutsbekämpfung und der Gesundheitsfürsorge, sind viele Probleme zwischen Nord und Süd noch nicht gelöst. So strömen immer noch Flüchtlinge auf der Suche nach Arbeit oder wegen der zerstörten Umwelt in die Industriestaaten. Diesen muss daran gelegen sein, die Bedingungen in den Heimatländern der Flüchtlinge zu verbessern. Viele Entwicklungsländer treiben eine ***nachholende Entwicklung*** voran, um die westliche Lebensweise zu kopieren. Das überfordert die Belastbarkeit der Erde. Boden, Luft und Wasser sind teilweise schon überfordert. Daher wird ein ***Nord-Süd-Dialog*** zwischen Industrie- und Entwicklungsländern gefordert.

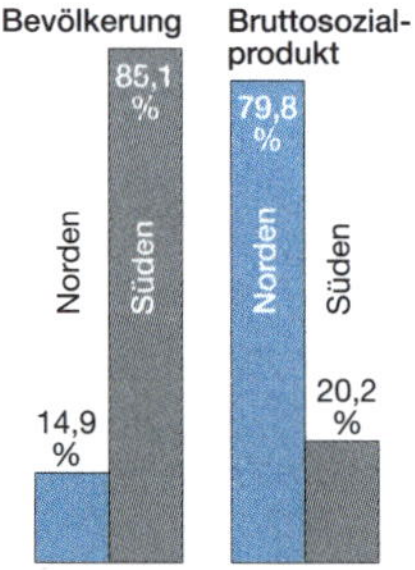

Bevölkerung und Wirtschaftsleistung 2002

Index der menschlichen Entwicklung

Die Vereinten Nationen veröffentlichen jedes Jahr einen Bericht über die menschliche Entwicklung. Die Werte für Einkommen, Lebenserwartung und Schulbildung werden auf einer Skala von 0 bis 1 eingetragen. Dieser *Human Development Index (HDI)* zeigt den durchschnittlichen Leistungsstand eines Landes. Die Benachteiligung von Frauen in vielen Ländern wird nicht erfasst. Die Entwicklungsländer insgesamt verzeichnen zwar seit 1975 einen Aufwärtstrend, sind aber noch weit von den Industrieländern entfernt. Der geringste Fortschritt findet in Afrika südlich der Sahara statt.

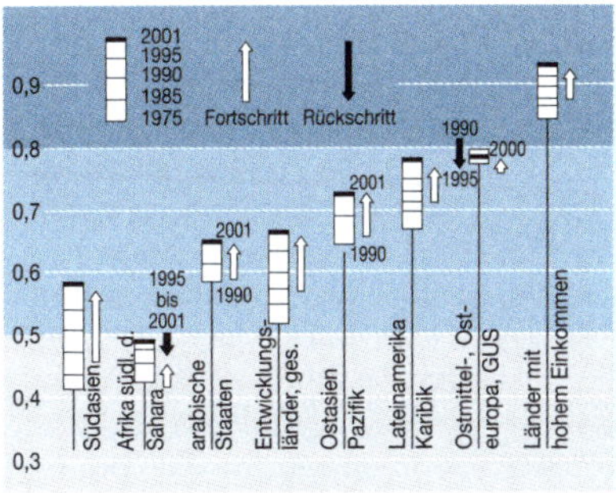

Norwegen	0,944	(1.)
Sierra Leone	0,275	(175.)
Deutschland	0,921	(18.)
Schweiz	0,932	(10.)
Österreich	0,929	(16.)
Welt	0,722	
Entwicklungsländer	0,655	
davon am wenigsten entwickelte Länder	0,448	

HDI 2001 nach Ländergruppen

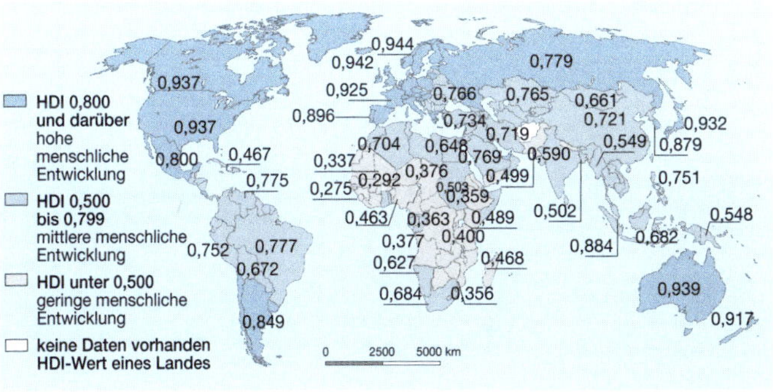

HDI 2001 nach Staaten

Hunger – größtes Problem in den Entwicklungsländern

Rd. 750 Mio. Menschen in den Entwicklungsländern litten zur Jahrtausendwende an Hunger. Besonders betroffen sind Indien, China, Bangladesch, Republik Kongo und Demokratische Republik Kongo sowie Äthiopien. Unter- oder Mangelernährung führt zu Wachstums- und Entwicklungsschäden. Konzentrations- und Leistungsfähigkeit lassen nach. Die Menschen werden anfällig für Krankheiten und Seuchen.

Hunger ist nicht nur auf die Klima- und Bodenverhältnisse in den Entwicklungsländern zurückzuführen. Hunger ist auch ein Verteilungsproblem zwischen Industrie- und Entwicklungsländern.

Eine ***Internationale Allianz gegen den Hunger*** wollte bis 2015 die Zahl der Unterernährten halbieren. Aber wenn die Nahrungsmittelversorgung weiter so schleppend verläuft, wird es noch 130 (!) Jahre dauern, bis die Welt von Hunger befreit ist. Die Ursachen liegen z. T. in den Entwicklungsländern selbst. Kleinbauern und Landpächter können wegen der kleinen Felder ihre Familien nicht ernähren, Großgrundbesitzer produzieren vorwiegend für den Export. Den Staaten fehlt Geld, um Nahrungsmittel einzuführen. Durch die starke Bevölkerungszunahme sinkt der Anteil der landwirtschaftlichen Nutzfläche pro Kopf. Wind- und Wassererosion verringern die Anbaufläche. Die Industrieländer weigern sich, die hohen Zölle für Waren aus Entwicklungsländern zu senken. Sie sind auch nicht bereit, mehr Geld für Entwicklungshilfe auszugeben.

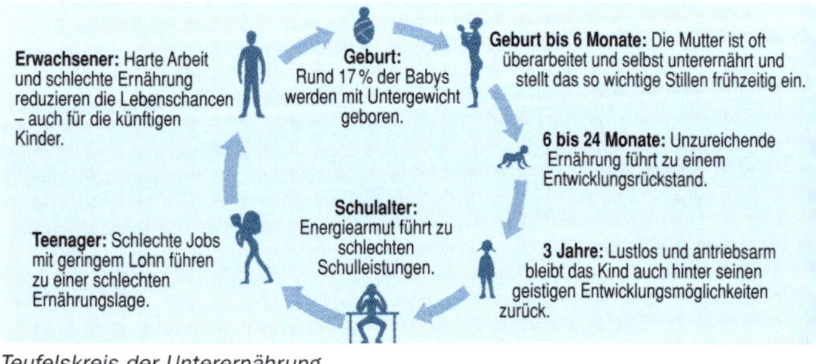

Teufelskreis der Unterernährung

Ursachen der Unterentwicklung

Die meisten Entwicklungsländer waren früher Kolonien. Die Kolonialmächte waren an billigen Bodenschätzen und landwirtschaftlichen Produkten interessiert. Landwirtschaftliche Produkte, die wie Tee, Kaffee oder Baumwolle auf großen Plantagen angebaut werden, heißen ***Cash Crops.*** Die Bauern betrieben ***Subsistenzwirtschaft,*** d. h. sie produzierten nur für den Eigenbedarf.

Unterentwicklung bezeichnet den Rückstand eines Landes in der Wirtschaft und in der Gesellschaftsstruktur im Vergleich zu einem Land, das die Grundbedürfnisse seiner Bevölkerung befriedigt.

Nach der politischen Unabhängigkeit blieb die Wirtschaftsstruktur oft erhalten. Die Entwicklungsländer wurden jetzt abhängig von großen internationalen Konzernen.

Die Armut ist, so eine Auffassung, von außen verursacht, weil die Entwicklungsländer zu wenig Geld für ihre Rohstoffe bekommen. (↗ Welthandel S. 80 ff.)

Andere vertreten den Standpunkt, dass die Ursachen für die Rückständigkeit in den Entwicklungsländern selbst zu suchen sind.

Armut sei eine Folge des Bevölkerungswachstums und würde andere ***Teufelskreise*** nach sich ziehen. Auch in Westeuropa habe es eine ähnliche Entwicklung bis zum Ende des 18. Jahrhunderts gegeben.

Als Lösung kommt für die Entwicklungsländer die Verarbeitung der heimischen Rohstoffe in Frage.

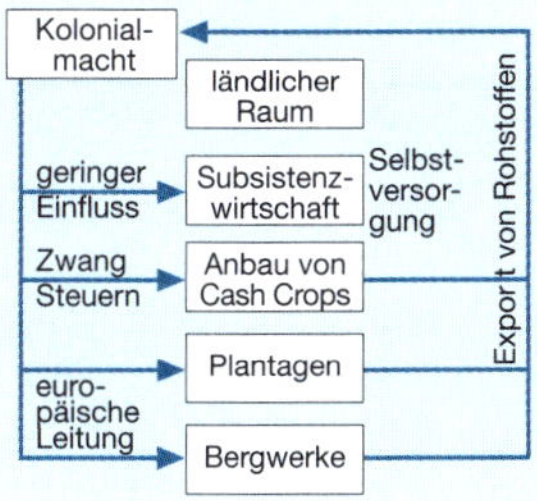

Kolonialzeit

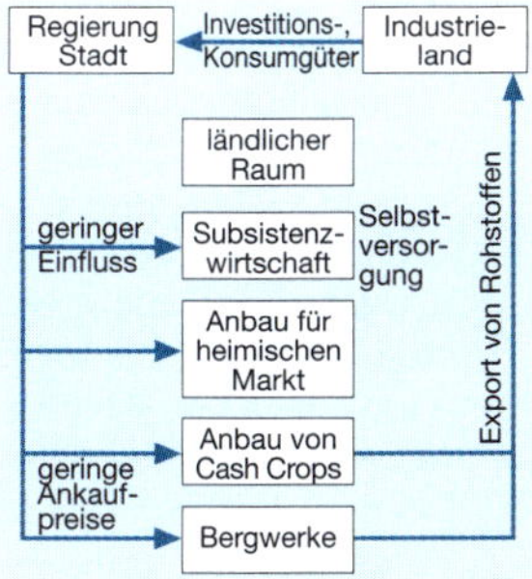

Nachkolonialzeit

Entwicklungshilfe

Die meisten Industrieländer unterstützen die Entwicklungsländer. Die Gründe sind unterschiedlich. Humanitäre Hilfe – meistens Nahrungsmittel und Medikamente – wird geleistet bei Naturkatastrophen, nach Kriegen und Bürgerkriegen. Wirtschaftliche Hilfe soll die Wirtschaftskraft der Entwicklungsländer stärken, denn Armuts- und Hungerregionen bieten oft internationalen Terroristen Unterschlupf.
Man unterscheidet ***Kapitalhilfe,*** also direkte Geldüberweisung, und ***technische Hilfe*** z. B. für den Straßenbau. Häufig schickt das Geberland Entwicklungshelfer. Die Empfängerländer erhalten das Geld aber nicht geschenkt. Sie müssen Zinsen zahlen und auch den Kredit zurückbezahlen. Nur die ärmsten Länder können mit einem ***Schuldenerlass*** rechnen.

Statt Entwicklungshilfe ist heute der Begriff Entwicklungszusammenarbeit gebräuchlich. Mithilfe von Kapital, Maschinen, Geräten und Wissen soll der Aufbau in Entwicklungsländern gefördert werden.

Die ***öffentliche Entwicklungshilfe*** wird mit Steuergeldern bezahlt. Schon 1970 forderten die Vereinten Nationen (UN) einen Anteil von 0,7 % des Bruttosozialprodukts. Doch nur wenige Länder wie Dänemark, die Niederlande und Schweden erreichen die Vorgabe oder liegen darüber. 2001 leistete die Schweiz 908 Mio. $ Entwicklungshilfe (0,34 % des BSP), Deutschland 4,9 Mrd. $ (0,27 %), Österreich 457 Mio. $ (0,25 %). Zusätzlich sind die Kirchen sowie private und politische Einrichtungen an der Entwicklungshilfe beteiligt. Sie finanzieren sich aus der Kirchensteuer, Mitgliedsbeiträgen und Spenden. Neben bilateraler (zweiseitiger) Hilfe zwischen einem Geber- und einem Empfängerland spielen überstaatliche Organisationen eine große Rolle. Der bedeutendste Kreditgeber sind die UN. Die Vergabe der Kredite erfolgt über die ***Weltbank,*** die teilweise strenge Maßstäbe anlegt. Sie verlangt mehr Marktwirtschaft und stärkeren Schuldenabbau. Die EU setzt ihre Entwicklungshilfe von mehr als 26 Mrd. $ in den ***AKP-Staaten*** (↗ Karte S. 99), in den Ländern Asiens und Lateinamerikas sowie in den südlichen und östlichen Mittelmeeranliegern ein.

5 USA – Weltmacht mit nur 292 Mio. Einwohnern

Größe und Bevölkerung

Als Weltmacht wird ein Staat bezeichnet, der politisch, militärisch und wirtschaftlich eine wichtige Rolle spielt. Nach dem Ende der Sowjetunion 1991 haben die USA diese Aufgabe übernommen.

Die Vereinigten Staaten von Amerika sind das viertgrößte Land der Welt (Fläche 9 629 091 km^2). Sie umfassen 50 Bundesstaaten und den District of Columbia mit der Hauptstadt Washington. Texas allein ist doppelt so groß wie Deutschland. In der Flagge stehen die 50 weißen *stars* auf blauem Grund für die Bundesstaaten, die 13 waagerechten rot-weißen *stripes* für die Gründerstaaten der USA 1783. In den USA leben 292 Mio. Menschen, davon 75,1 % Weiße, 13 % Schwarze, 13 % Hispanics (Menschen mit lateinamerikanischer Abstammung ohne Berücksichtigung der Hautfarbe), 3,6 % Asiaten sowie 0,9 % Indianer, Eskimos und Alëuten. Die USA haben ein Nationalgefühl auf den Idealen von Freiheit und Demokratie entwickelt. Der Staat soll möglichst wenig eingreifen. Er lässt den Unternehmern viel Freiraum. So können sie, anders als in Europa, Entscheidungen für neue Produkte schneller treffen, aber auch Arbeitskräfte schnell entlassen.

Pazifikregion
Alaska
Hawaii
Washington
Oregon
California
Idaho
Montana
Wyoming
Nevada
Utah
Colorado
Arizona
New Mexico

Mittlerer Westen
North Dakota, South Dakota, Nebraska, Kansas, Minnesota, Wisconsin, Michigan, Iowa, Illinois, Indiana, Ohio, Missouri

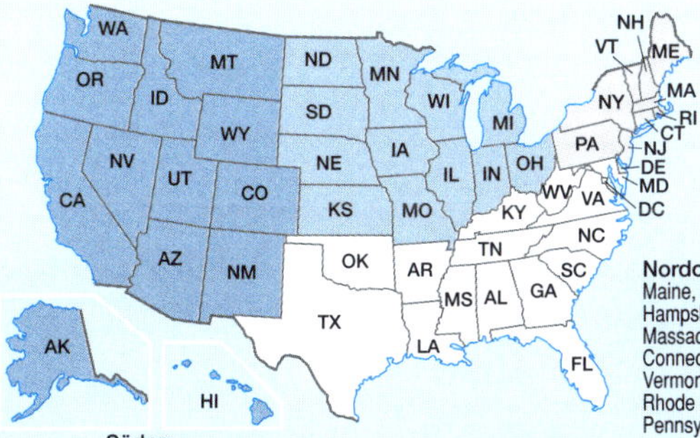

Nordosten
Maine, New Hampshire, Massachusetts, Connecticut, Vermont, Rhode Island, Pennsylvania

Süden
Oklahoma, Texas, Arkansas, Louisiana, Mississippi, Alabama, Georgia, Florida, South Carolina, North Carolina, Tennessee, Kentucky, West Virginia, Maryland, Delaware, New York

Geographisch-politische Großgliederung und Bundesstaaten

Alte und neue Industrieräume

Im Nordosten der USA entstand die größte Industrielandschaft der Erde. Eisenerz und Kohle boten die entscheidenden Voraussetzungen. Um Pittsburgh und Chicago konzentrierte sich die Stahlindustrie, um Detroit mit General Motors, Ford und Chrysler die Autoindustrie. Der ***Manufacturing Belt*** (Industriegürtel) blieb bis in die 1970er-Jahre das „Eiserne Herz" der USA. Dann setzte der Niedergang ein. Die Eisenerzlager waren erschöpft, die Stahlwerke mussten schließen. Der Import von Stahl aus Entwicklungsländern und Eisenerz für neue Stahlwerke in den Südstaaten war billiger. Hersteller von Massengütern verlagerten ihre Produktion in den Süden und Westen, weil dort die Löhne niedriger waren und es genügend ungelernte Arbeitskräfte gab.

Größtes Industrieunternehmen in den USA: General Electric (Flugzeugtriebwerke, Kühlschränke), Umsatz 2002: 131,7 Mrd. $, 315 000 Mitarbeiter weltweit ; in Deutschland: DaimlerChrysler, Umsatz 2002 156,8 Mrd. $, 365 600 Mitarbeiter weltweit

Der wegen seiner alten Industrieanlagen verspottete „Rust Bowl" (Rostschüssel) erholte sich wieder. Neue Industriezweige entstanden. Sie produzieren pharmazeutische und elektronische Erzeugnisse, Präzisionsinstrumente, Anlagen zur Nachrichtenübermittlung. Zahlreiche neue Forschungseinrichtungen arbeiten mit den Unternehmen zusammen.

Hauptindustriegebiete in den USA

Im Sunbelt

Internetwerbung für den Sunbelt

Neue Industriestandorte entstanden seit den 1960er-Jahren im Westen und im Süden der USA. Die Standortbedingungen waren günstig:
An der Golfküste lieferte die Erdöl- und Erdgasindustrie billige Energie, die Bodenpreise und Lohnkosten waren niedrig. Ein weiterer Faktor verstärkte den Zuzug von Arbeitskräften, später auch den von Rentnern: Es ist wärmer als im „Snow-Belt" des kalten Nordostens und die Sonne scheint im ***Sunbelt*** länger. Das hatte zuvor auch schon die Filmindustrie in Hollywood erkannt.
Die neuen ***Wachstumsindustrien*** sind die Raumfahrt (Cape Canaveral in Florida und Houston/Texas) und die Computertechnologie. Bestes Beispiel hierfür ist das Silicon Valley in Kalifornien. 30 km von San Francisco entfernt schien sich der amerikanische Traum von Reichtum und Wohlstand zu bewahrheiten. In kurzer Zeit siedelten sich Mikroelektronikfirmen an. Als die Preise für die in Massenfertigung produzierten elektronischen Bauteile stark fielen, mussten viele Betriebe aufgeben. Geblieben sind die Forschungs- und Entwicklungsinstitute.
Im Sunbelt halten sich viele ungelernte Einwanderer aus Lateinamerika und aus Asien auf. In der Boomzeit waren sie für die arbeitsintensiven Industrien willkommene Arbeitskräfte, obwohl sie kaum die englische Sprache beherrschten. Mittlerweile ist ein großer Teil der arbeitsintensiven Produktion in Niedriglohnländer, vor allem nach Asien verlagert worden. Diese Form der ***Globalisierung*** (↗ S. 83) verringert die Entwicklungsmöglichkeiten der Industrie im Sunbelt.

2002 betrug in den USA das BIP/Kopf 36 300 US-$ – trotz der Tatsache, dass 13 % der Bevölkerung unterhalb der Armutsgrenze leben. Die Industrie beschäftigt noch 15 % aller Arbeitskräfte.

Hoch industrialisierte Landwirtschaft

Bis auf weite Teile des gebirgigen Westens, wo es zu kalt und zu trocken ist, kann überall Landwirtschaft betrieben werden. Der 100. Längengrad markiert die Trockengrenze: Westlich davon fallen im Durchschnitt weniger als 500 mm Niederschlag im Jahr, östlich davon mehr als 500 mm. 13 % der landwirtschaftlichen Nutzfläche werden bewässert. Das sind rd. 230 000 km² und entspricht der Fläche von Österreich, der Schweiz, Bayern und Baden-Württemberg. Die US-Bundesstaaten mit den größten Bewässerungsflächen sind Kalifornien, Nebraska und Texas. Der hohe Wasserverbrauch der Landwirtschaft hinterlässt ökologische Schäden. So ist in den Great Plains der Grundwasserspiegel schon um 30 m gesunken. In Kalifornien dringt in Küstennähe Meerwasser in die ehemals Grundwasser führenden Schichten. Staatliche Stellen begrenzen inzwischen die Grundwasserentnahme oder verbieten sie ganz.

Die USA sind bei den Nahrungsmitteln Selbstversorger, ausgenommen bei tropischen Früchten. Die landwirtschaftlichen Überschüsse werden exportiert. Hauptexportgüter sind Weizen, Futtergetreide (Mais, Soja) und Baumwolle.

Die Zahl der Farmen nimmt seit den 1930er-Jahren ab, die Durchschnittsfläche (1900 55 ha) steigt auf über 190 ha (EU 60 ha, Japan 1,5 ha). Vielfältige Maschinen wie automatische Pflück- und Erntemaschinen, verbessertes Saatgut und gentechnisch veränderte Pflanzen haben die US-Landwirtschaft weltweit an die Spitze gebracht. Von dem ***Industrial Farming*** profitieren in erster Linie die Großbetriebe, d. h. Konzerne, die sich auf ein Produkt spezialisieren. Auch bei der Rinderhaltung hat ein Strukturwandel stattgefunden. Cowboys, die auf ihren Pferden riesige Herden umkreisen, gibt es nur noch in den Western-Filmen. Intensive Massentierhaltung mit mehr als 50 000 Mastrindern pro Betrieb hat die frühere extensive Weidewirtschaft abgelöst. Die Hauptverbreitungsgebiete solcher ***Feed lots*** sind Texas, Kansas, Nebraska, Colorado und Oklahoma. Das Futter für die Tiere, Mais und Hirse, kommt von den bewässerten Feldern in den Great Plains.

Land der Riesenstädte

Bos-wash ist die Bezeichnung für ein Städteband, das sich 750 km von Boston bis nach Washington erstreckt. Es umfasst 11 Großstädte mit mehr als 60 Mio. Menschen. *Chi-pitts* von Chicago bis Pittsburgh hat sich zu einer ähnlichen Riesenstadt entwickelt. Kern der Großstädte ist der ***Central Business District (CBD).*** Hier in der ***Downtown*** liegt das Geschäfts- und Büroviertel mit den typischen Wolkenkratzern. Um den CBD gruppieren sich Industrie- und Altbauviertel. Als die große Motorisierungswelle nach 1950 einsetzte, wanderten viele Menschen mit höherem Einkommen in die Vorstädte ab, in die ***Suburbs.*** Sozial Schwache zogen in die alten Wohnviertel, die häufig zu Slums verkamen. Inzwischen werden sie saniert oder abgerissen. Die Suburbs wucherten immer weiter in das Umland. Für die Pendler, die mit dem Auto zu ihrem Arbeitsplatz im CBD fuhren, wurde die Fahrzeit trotz der Stadtautobahnen immer länger. So entstanden an den Ausfallstraßen große Einkaufszentren mit riesigen Parkplätzen. Auch ein Teil der Arbeitsplätze wurde von der Innenstadt in das Umland verlagert.

Einwohner (Mio.) 10 größte Städte + Umland (2003)	
New York	21,2
Los Angeles	16,3
Chicago	9,1
Washington	7,6
San Francisco	7,0
Philadelphia	6,2
Boston	5,8
Detroit	5,4
Dallas	5,2
Houston	4,6

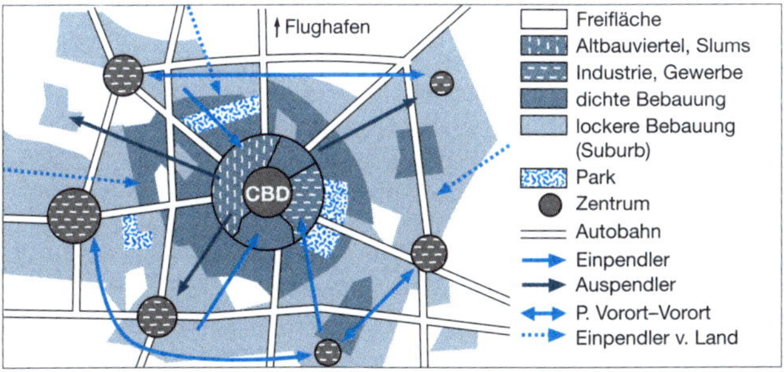

Modell Stadt – Umland

American Way of Life

Amerikaner zu sein, heißt mobil zu sein. Jedes Jahr zieht rd. ein Sechstel der Bevölkerung um. Meist ist der Umzug mit einem Arbeitsplatzwechsel verbunden. Häufig möchte man auch nur Gleichgesinnte oder Leute mit gleichem Einkommen als Nachbarn haben. Reiche Rentner zieht es in den Sunbelt, wo ganze ***Rentnerstädte*** entstanden sind. Wer sich die teuren Seniorenanlagen nicht leisten kann, fährt mit dem Wohnmobil in den Süden. Längst sind die USA kein Industrieland im herkömmlichen Sinne mehr. Während 1950 noch 52,7 % aller Erwerbstätigen im Dienstleistungssektor tätig waren, sind es heute in der ***Dienstleistungsgesellschaft*** über 80 %. Gut ausgebildete Fachkräfte haben auch gute Chancen in den Bereichen Forschung, Entwicklung, Handel und Verwaltung. Viele Großbetriebe gliedern Buchführung, Werbung und Datenverarbeitung an Kleinbetriebe aus. Banken, Versicherungen und Gesundheitsdienst stellen zahllose Angestellte ein. Amerikanische Dienstleistungseinrichtungen versorgen auch die Welt. New York ist das Finanzzentrum, Chicago Sitz der Getreidebörse und Los Angeles der Filmwirtschaft. Das verschleiert ein wenig, dass Millionen von Menschen ohne gute Ausbildung nur schlecht bezahlte Jobs bekommen können.

Die USA haben das billigste und größte Inlandflugnetz der Welt. Mehr als 210 Mio. Autos sind zugelassen. 60 % der Bevölkerung besitzen einen Internetanschluss. Im Durchschnitt kann jeder Haushalt 50 Fernsehkanäle empfangen.

Die ***Informationstechnologie*** erlebt ein stürmisches Wachstum. PC und Internet haben auch das Verhalten der Amerikaner verändert. Buchungen von Reisen und Flugtickets auf dem eigenen PC sind heute schon eine Selbstverständlichkeit. „Telearbeit“ zu Hause erspart vielen die Fahrt zum Büro. „E-commerce“ gewinnt für die Firmen zunehmend an Bedeutung. „Online-shopping“ wird zur Konkurrenz für große Einkaufszentren. 2007, so die Vorhersagen, werden 20 Mio. Amerikaner online einkaufen. Da jeder US-Bürger bisher im Monat durchschnittlich 17 Einkaufsfahrten macht, könnte gut die Hälfte der Fahrten eingespart werden.

6 Russland und seine Nachbarstaaten

Naturraum – zwischen Eis und Wüste

Von Norden nach Süden erstrecken sich fünf Vegetationszonen. Eis und Schnee bestimmen die Küstenstreifen rund um das Nordpolarmeer. Dann beginnt die ***Tundra*** mit Moosen, Flechten und Krüppelkiefern. Weiter südlich schließt sich der ***boreale Nadelwald*** an. In Russland heißt er ***Taiga***, was so viel wie großer Wald bedeutet.

Russland ist mit 17,1 Mio. km² der größte Staat der Erde. Die größte West-Ost-Ausdehnung beträgt 11 000 km, die größte Nord-Süd-Ausdehnung rd. 4500 km.

In der Tundra und Taiga gibt es etwas, das wir bei uns nicht kennen: den ***Dauerfrostboden***. Im Sommer taut der Boden nur an der Oberfläche auf, darunter bleibt er gefroren. So bilden sich große Sümpfe. Häuser stehen deshalb häufig auf Pfählen. Die Trassen für die Verkehrswege müssen tief ausgehoben und mit Kies und Sand aufgefüllt werden. Die Taiga geht über in den ***Laub- und Mischwald***. Hier ist die Landwirtschaft mit dem Anbau von Getreide und Hackfrüchten sowie mit Viehhaltung vertreten. Der Übergang zur ***Steppe*** ist nicht besonders deutlich. Wegen der fruchtbaren Schwarzerde ist sie aber ein wichtiges Landwirtschaftsgebiet. An Wüsten- und Halbwüstengebieten hat Russland nur einen kleinen Anteil.

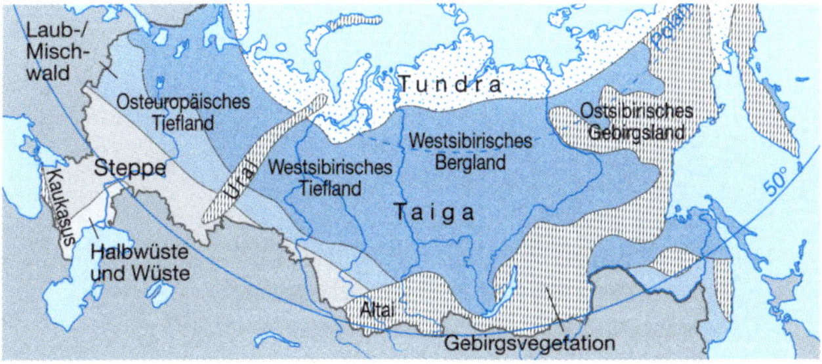

Landschaftszonen in Russland

Reich an Rohstoffen

Russland verfügt über große Vorkommen an Erzen, Braun- und Steinkohle. Im europäischen Teil nördlich des Polarkreises werden die Kohlelagerstätten von Workuta ausgebeutet. Im Südwesten, angrenzend an die Ukraine, hat Russland Anteil an der Steinkohle im Donez-Becken. Die umfangreichen Steinkohle-Lagerstätten in Sibirien, z. B. im Tunguska-Becken, sind kaum erschlossen. Dauerfrostboden, lange Winter mit Temperaturen von unter 50 °C und weite Transportwege machen die Förderung unwirtschaftlich. ***Eisenerz*** wird im europäischen Teil in der Nähe von Kursk, im Ural und im sibirischen Kusbas abgebaut. ***Buntmetallerze*** gibt es auf der Halbinsel Kola, östlich des Urals bei Norilsk, im Altaigebirge an der Grenze zur Mongolei und im Fernen Osten an den Flüssen Amur und Ussuri. Der größte Reichtum besteht aus ***Erdöl*** und ***Erdgas.*** Russland besitzt die größten Gasreserven der Welt. Die wichtigsten Lagerstätten befinden sich in der Wolga-Ural-Region, in der Kaspischen Senke und in Westsibirien. Seit 1978 fließt Erdgas durch ein 5500 km langes Pipelinenetz nach Deutschland.

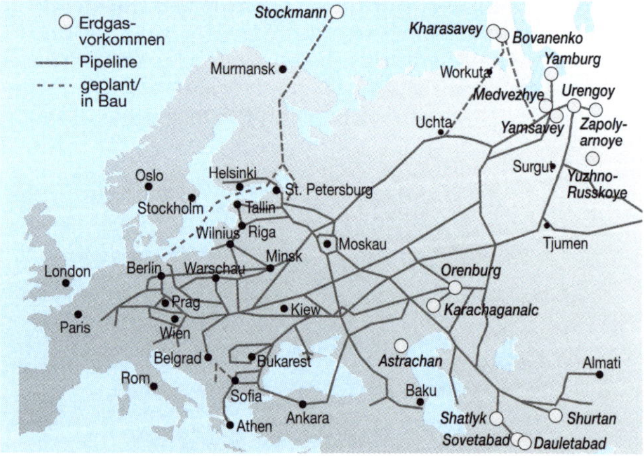

Erdgas aus Russland für Europa (Quelle Ruhrgas)

Wirtschaft im Umbruch

Die Zentralverwaltungswirtschaft (Planwirtschaft) ist ein System, in dem eine zentrale Behörde Volkswirtschaftspläne aufstellt (z. B. Fünfjahrespläne). Der Staat gibt Produktionsmengen vor und bestimmt die Preise. Ein freier Markt existiert nicht. Hauptziel ist die Planerfüllung.

Ende 1991 wurde die 1922 gegründete ***Sowjetunion*** aufgelöst. Der Zusammenbruch hatte mehrere Gründe. Zum einen strebten die Russland angegliederten 14 anderen Republiken nach Unabhängigkeit. Entscheidend war aber der wirtschaftliche Niedergang. Das Wirtschaftssystem der ***Zentralverwaltungswirtschaft*** erwies sich als zu schwerfällig, um die Bedürfnisse der Menschen nach Konsumgütern zu befriedigen. Die Sowjetunion war, was den Lebensstandard betrifft, fast auf die Stufe eines Entwicklungslandes zurückgefallen. Der Staat förderte zwar die Rüstungsindustrie, die Schwerindustrie, den Maschinenbau und die Weltraumfahrt, aber vielen Industriebetrieben fehlte das Geld für notwendige Modernisierungen. Die Arbeitsproduktivität sank. Hinzu kamen Umweltschäden durch Atom- und Chemieabfälle sowie Trinkwasserprobleme und eine hohe Luftverschmutzung.
Industrie und Landwirtschaft, Boden, Bergbau, Banken und Versicherungen, Handel und Gewerbe, Medien und Verkehrseinrichtungen waren verstaatlicht. In Moskau wurden die Pläne erstellt, die die Betriebe erfüllen sollten. Die vorgegebenen Werte ließen sich jedoch selten erreichen. Der Staat regelte die Zuteilung von Rohstoffen und Arbeitskräften. Er garantierte die Abnahme der Produkte, für die er den Endpreis festsetzte, und er war verantwortlich für die Verteilung der Waren. Die Nachteile der zentralen Lenkung zeigten sich in der Schwerfälligkeit einer ausufernden Bürokratie. Als Vorteil sahen viele Menschen die niedrigen Preise für Grundnahrungsmittel und niedrige Mieten. Technische Geräte oder Autos waren jedoch sehr teuer. Der Staat hatte die Pflicht zur Arbeit festgeschrieben und garantierte jedem einen Arbeitsplatz. Da es aber nicht genügend Arbeit gab und die Betriebe mehr Arbeitskräfte einstellen mussten, als sie brauchten, herrschte versteckte Arbeitslosigkeit.

Der Übergang zur Marktwirtschaft verlief in kleinen Schritten und sehr schleppend. Als 1992 die Preise freigegeben wurden, stieg die Inflation im ersten Jahr auf 2000 %. Besonders Rentner und Arbeitslose waren von der Geldentwertung betroffen. Die ***Privatisierung*** von Staatseigentum begann zuerst bei den Dienstleistungen. Heute sind 7 von 10 Geschäften, Restaurants, Cafés und Werkstätten in privater Hand. Dann wurden Groß- und Mittelbetriebe in Aktiengesellschaften umgewandelt. Im Prinzip konnte nun jeder russische Bürger Anteilsscheine erwerben. Damit waren die Eigentumsrechte neu verteilt, aber Geld für Investitionen floss den neuen Aktiengesellschaften nicht zu. Löhne und Gehälter wurden oft monatelang nicht bezahlt. Viele Großbetriebe, oft die einzigen Arbeitgeber in entlegenen Gebieten, erhielten vom Staat keine Aufträge mehr. Diese Unternehmen konnten nicht privatisiert werden. Andere schafften Milliardensummen ins Ausland. Das Geld fehlte für Investitionen in Russland. Auch vor der Landwirtschaft machte die ***Transformation*** nicht Halt. Die Beschäftigten der ***Kolchosen*** (landwirtschaftliche Genossenschaften) und ***Sowchosen*** (Staatsgüter) durften entscheiden, ob sie den Großbetrieb umwandeln wollten. Rd. 10 % der Mitglieder traten aus und wurden selbstständige ***Fermer***. Trotzdem bleibt die Landwirtschaft wegen der veralteten Maschinen, den hohen Verlusten bei der Lagerung der Ernte sowie den langen Transportwegen ein Sorgenkind. Seit 2002 darf landwirtschaftlich genutztes Gebiet wieder ge- und verkauft werden. Während die ländlichen Regionen in ihrer Entwicklung nicht vorankommen, zählen die Millionenstädte, allen voran Moskau, zu den Gewinnern. Seit es wieder erlaubt ist, Grundstücke zu kaufen oder zu veräußern, entstehen Bürobauten und Dienstleistungszentren. In einzelnen Stadtteilen werden Wohnungen aufwändig saniert und teuer zum Verkauf angeboten.

Viele Russen sehen die Marktwirtschaft als Rückschritt. Die Einkommensunterschiede sind enorm. Dollarmillionäre tragen ihren Reichtum zur Schau, aber 47 Mio. Menschen, ein Drittel der Bevölkerung, lebten 2002 an der Armutsgrenze.

Vielvölkerstaat mit Nationalitätenproblemen

In Russland leben 146 Mio. Menschen, verteilt auf 128 Nationalitäten. Die Hauptgruppe bilden die Russen mit 81,5 %. Als nächste größere Gruppen folgen Tataren (3,8 %), Ukrainer (3 %), Tschuwaschen (1,2 %), Baschkiren (0,9 %), Weißrussen (0,8 %), Moldawier (0,7 %), Deutsche (0,6 %). Der Anteil der übrigen ***ethnischen Minderheiten*** beträgt 7,5 %.

In Russland ist die Einwohnerzahl rückläufig. Die Geburtenrate ist eine der niedrigsten der Welt. Bis 2015 wird die Einwohnerzahl um rd. 10 Mio. auf 135 Mio. Menschen zurückgehen.

Russland ist in 89 sog. Territorialeinheiten gegliedert; davon sind 21 „Autonome Republiken". Die Republiken tragen den Namen der dort lebenden größten ethnischen Minderheit. Tatsächlich überwiegt aber in den Städten und besonders in den Industriegebieten der russische Bevölkerungsanteil. Zwischen den Volksgruppen bestehen Spannungen. Das zeigt sich besonders deutlich im Nordkaukasus. Hier kommt es immer wieder zu Gewalttaten. Muslimische Tschetschenen verlangen die Unabhängigkeit von Russland. Aber auch die Nenzen, Jakuten und Tataren fordern für sich politische und wirtschaftliche Sonderrechte. Sie verweisen auf die Bodenschätze in ihren Territorien, die für Russland eine große Bedeutung haben.

Völker in Russland

Von der Sowjetunion zur GUS

Als die Sowjetunion sich 1991 auflöste, entstanden 15 selbstständige Staaten. 12 von ihnen schlossen sich zur ***Gemeinschaft Unabhängiger Staaten*** zusammen (↗ Karte S. 100). Die drei baltischen Staaten Estland, Lettland und Litauen traten nicht bei. Die GUS ist ein lockeres Bündnis mit dem Ziel einer politischen, wirtschaftlichen, militärischen und kulturellen Zusammenarbeit. Das Ziel wurde bisher nicht erreicht. In der Sowjetunion war der Rubel überall Zahlungsmittel. Heute haben alle GUS-Staaten eigene Währungen. Sie achten darauf, dass ihre Grenzen respektiert werden. Pkw und Lkw, die früher ohne Beschränkungen fuhren, müssen heute an den Grenzen lange warten. Einige GUS-Staaten verlangen von einreisenden Nachbarn ein Visum. Der Handel untereinander ist stark zurückgegangen. Das liegt nicht nur daran, dass die Staaten sich neu orientieren. In der Sowjetunion bestand eine Arbeitsteilung zwischen den Republiken, die nur bestimmte Erzeugnisse als Zulieferer herstellten. Als die neuen Grenzen gezogen waren, blieben die Rohstoffe aus und die Absatzmärkte gingen verloren. Dies erklärt, warum besonders die GUS-Staaten im Kaukasus und in Mittelasien vom Lebensstandard her zu den Entwicklungsländern zählen. An der Zusammenarbeit mit Russland sind die Ukraine, Moldawien, Georgien, das erdgasreiche Turkmenistan und das erdölreiche Aserbaidschan wenig interessiert. Wirtschaftsfachleute sehen aber Russland als Lokomotive für die GUS-Staaten. Russland braucht die Länder als Absatzmarkt für seine Waren, die auf dem Weltmarkt noch nicht wettbewerbsfähig sind. Kasachstan, die Ukraine und Usbekistan besitzen mineralische Rohstoffe, die die russische Industrie dringend benötigt. Ein weiterer Schritt zur Zusammenarbeit ist die Eurasische Wirtschaftsgemeinschaft. Sie wurde 2001 von Russland, Kasachstan, Kirgisistan, Tadschikistan und Weißrussland nach dem Vorbild der früheren Europäischen Wirtschaftsgemeinschaft gegründet.

Russland ist der Kernstaat der GUS. Sein Anteil an der Fläche beträgt 75 % und an der Bevölkerung 50 %. Die Wirtschaftskraft liegt doppelt so hoch wie die der übrigen GUS-Staaten.

7 Japan – rohstoffarmer Inselstaat

Naturraum und Bevölkerung

Vier Fünftel der Fläche Japans ist gebirgig. Der höchste Berg (3776 m) ist der Fudschijama, ein Vulkankegel. Große Ebenen oder Täler fehlen. Deshalb wurde an den Buchten der Ostküste, wo die Meerestiefe oft nur 5 m beträgt, durch Aufschüttungen Neuland gewonnen. Bodenschätze sind in geringem Maß vorhanden. Der Abbau lohnt sich jedoch wegen der schlechten Qualität nicht. Nur rd. 13 % der Fläche können landwirtschaftlich genutzt werden.

Japan ist mit 377 837 km² km 20 000 km² größer als Deutschland. Es besteht aus 6852 Inseln. Die Hauptinseln Hokkaido, Honschu, Schikokou und Kiuschu nehmen 98 % des Landes ein.

Japan gehört zu den am dichtesten besiedelten Ländern. Von den 127 Mio. Einwohnern leben über 44 % in den drei Metropolregionen Tokio, Osaka und Nagoya. Im Ballungsraum Tokio sind es allein über 12 Mio. Da Wohn- und Büroraum knapp ist, werden hier die höchsten Mieten der Welt bezahlt. Wegen der Erdbebengefahr betrug die Durchschnittshöhe der Häuser früher nur 2 1/2 Stockwerke. Der Bau von Hochhäusern war vor 1968 verboten. Seither bestimmen sie zunehmend das Stadtbild.

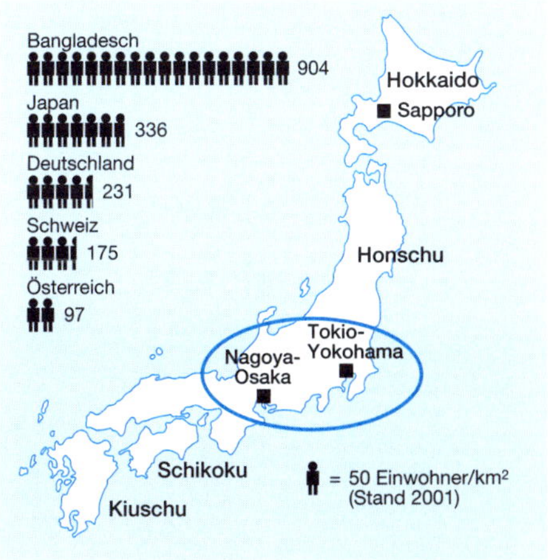

Bevölkerungsdichte und Agglomerationen

Naturkatastrophen

In Japan werden jährlich rd. 5000 ***Erdbeben*** registriert. Die meisten davon gehen glimpflich aus. Die Inseln liegen in einem Gebiet, wo sich die schwerere ozeanische pazifische Platte unter die leichtere kontinentale eurasische Platte schiebt. Bei der Reibung der Platten entstehen Spannungen, die sich als Erdbeben lösen. Liegen die Erdbebenherde im Meer, entstehen Seebeben. Die auf die Küste auftreffenden Flutwellen, die ***Tsunami,*** richten großen Schaden an.

Auf den Inseln gibt es 60 aktive ***Vulkane,*** weitere 200 können jederzeit wieder ausbrechen. Die für Japan typischen Inselbogen-Vulkane entstanden dadurch, dass die Plattengrenzen unter dem Meeresboden liegen. Abtauchendes Gestein wird in der Tiefe aufgeschmolzen und steigt in den Spalten der kontinentalen Kruste als Magma auf.

Erdbeben, Vulkanausbrüche, Tsunami, Taifune, Überschwemmungen und Bergrutsche bedrohen den Ballungsraum von Bevölkerung und Wirtschaft an der pazifischen Küste.

Besonders gefürchtet sind die aus Südwest wehenden ***Taifune*** mit Windgeschwindigkeiten bis zu 300 km/h. Diese von August bis Oktober auftretenden tropischen Wirbelstürme verursachen sehr hohe Niederschläge.

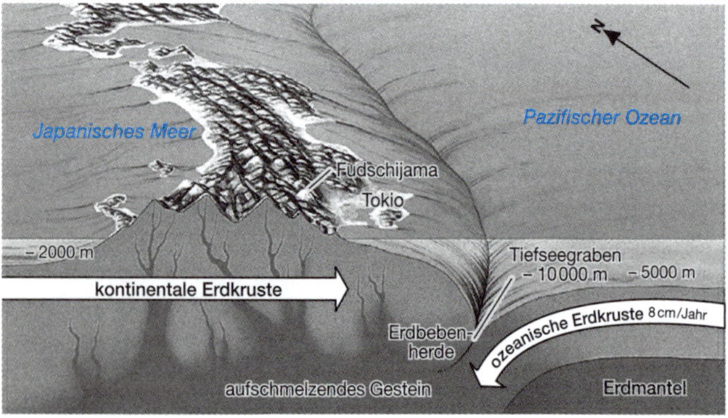

Auf dem zirkumpazifischen Feuerring (↗ Seite 107)

Weltwirtschaftsmacht

Erzeugnisse aus Japan sind heute überall auf der Welt zu kaufen: Autos, Kameras, Handys, Walkmen, Computer und Zubehör usw. Die japanische Industrie hat es geschafft, trotz Rohstoffarmut und Raumenge zur bedeutendsten Industrienation nach den USA aufzusteigen. Viele Rohstoffe müssen importiert werden; bei Erdöl fast 100 %. Der größte Handelspartner sind die USA, dann folgen Australien, China, Indonesien, Südkorea, Malaysia, Thailand, Kanada und die EU.

Japan ist die zweitgrößte Wirtschaftsmacht der Welt. Beim Export liegt es nach den USA und Deutschland an dritter Stelle.

Die Industrie weist eine duale Struktur auf. Das heißt, hochmodernen und exportorientierten Großunternehmen mit vielen kleinen Zulieferern stehen Betriebe gegenüber, die nur für den Binnenmarkt produzieren. Da Produktionsstätten in Niedriglohnländer wie China, Indonesien und die Philippinen verlagert wurden, mussten in Japan zahlreiche Industriestandorte geschlossen werden. Die Regierung versucht, die Verluste durch Deindustrialisierung mit neuen Arbeitsplätzen im High-Tech- und Dienstleistungssektor auszugleichen.

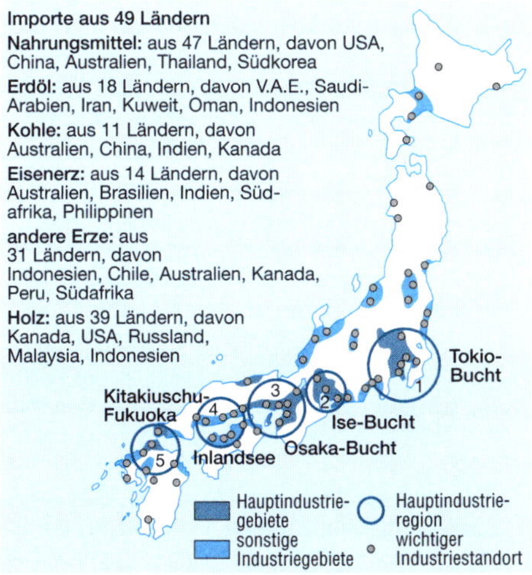

Industriestandorte und Importe (Stand 2002)

Gründe für die Wirtschaftskraft

Japaner arbeiten länger als Deutsche, fehlen seltener und haben weniger Urlaubstage. Der Staat fördert die Wirtschaft, um weltweit in moderner Technologie führend zu sein. Er unterstützt die Unternehmen bei der Erschließung ausländischer Märkte und schottet Japan gegen Importwaren ab. Viel wichtiger sind ***Wertvorstellungen,*** die die Leistungsfähigkeit positiv beeinflussen. Dazu gehören Streben nach Übereinstimmung, hohe Lernbereitschaft und Vertrauen in den Fortschritt. Den Betrieben kommt zugute, dass Manager und Mitarbeiter langfristig denken, den Wettbewerb fördern und auf hohe Qualität bei ihren Produkten achten. Grundlagen hierfür sind Tradition und Glauben. Die Grundwerte setzen sich aus drei Strömungen zusammen. Der chinesische Philosoph Konfuzius (551–479 v. Chr.) betonte die Pflichten des Sohnes gegenüber dem Vater, verlangte lebenslanges Lernen und forderte Harmonie und Ordnung im Umgang der Menschen miteinander. Ordnung und Unterordnung zeigen sich noch heute in der engen Bindung der Mitarbeiter an ihre Firma.
Neben dem ***Konfuzianismus,*** der auf das Diesseits bezogen ist, prägen zwei Religionen die Gesellschaft.
Der ***Schintoismus,*** übersetzt der „Weg der Götter", ist eine Naturreligion. Dem Menschen offenbart sich das Göttliche in Naturerscheinungen wie Flüssen, Bergen und Felsen. Um ein erfolgreiches Leben in dieser Welt führen zu können, sind Fleiß, Disziplin, Mut und Selbstvertrauen nötig.
Der ***Buddhismus*** geht auf die von Buddha (560–480 v. Chr.) in Indien gestiftete Religion zurück. Im 6. Jahrhundert n. Chr. kam sie nach Japan. Die Gläubigen werden zur Beherrschung ihrer geistigen und körperlichen Kräfte aufgerufen. Nicht der Einzelne sei wichtig, sondern die Gemeinschaft. Die Verehrung der Ahnen findet auch in den Betrieben statt. Von den Verstorbenen erhofft man Schutz für das Unternehmen.

Die Ursachen des wirtschaftlichen Erfolges beruhen auf staatlichen Fördermaßnahmen und überlieferten Wertvorstellungen in der Gesellschaft. Die wichtigsten Tugenden sind Fleiß, Unterordnung der Untergebenen und Fürsorge von den Vorgesetzten.

Bevölkerung

In Indien hat sich die Einwohnerzahl im 20. Jahrhundert mehr als vervierfacht. Die ***Bevölkerungsexplosion*** hat verschiedene Gründe. Dank verbesserter ärztlicher Versorgung sterben weniger Kinder als früher. Eltern, die nicht lesen und schreiben können, haben immer noch viele Kinder. Viele Frauen und Männer lehnen eine Geburtenkontrolle ab, weil die Kinder mit ihrer Arbeit zum Familieneinkommen beitragen. Außerdem sollen die Kinder ihre Eltern im Alter versorgen. Besonders schlimm ist es für eine Frau, wenn sie keine Söhne bekommt. Viele Frauen fühlen sich und ihre Arbeit nicht anerkannt. Mädchen haben eine schlechtere Schulausbildung als Jungen.

Gesellschaftsordnung. Die indische Gesellschaft war früher in Kasten gegliedert. Eine ***Kaste*** ist eine Gruppe von Menschen mit gleichem oder ähnlichem Beruf und gleichen oder ähnlichen Lebensformen. Auf der obersten Stufe in der Rangordnung standen die Brahmanen (Priester und Gelehrte), auf der untersten Stufe die Kastenlosen, die „Unberührbaren“, sowie Christen und Muslime. Das Kastenwesen ist seit 1949 verboten, hat aber auf dem Land noch große Bedeutung. ***Religion.*** 80 % der 1,1 Mrd. Inder sind ***Hindus.*** Sie glauben an die Wiedergeburt nach ihrem Tod in einem anderen Wesen, bis ihre Seele aus dem Kreislauf erlöst wird. Die Art der Wiedergeburt hängt davon ab, wie viele gute oder schlechte Taten sie im Leben vollbracht haben.

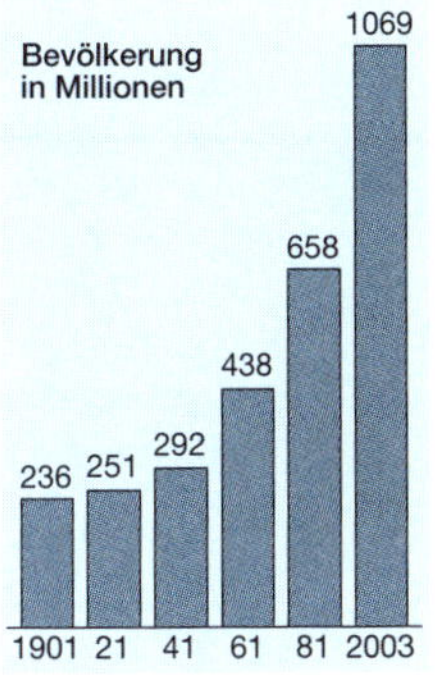

Bevölkerungsentwicklung

In Indien leben über 1 Milliarde Menschen. An der Bevölkerung gemessen ist es das zweitgrößte Land nach China.
Kinderreichtum und Bevölkerungsexplosion sind nicht die Ursache, sondern die Folge von Armut.

Landwirtschaft

Mitte der 1960er-Jahre herrschte die Ansicht, dass Indien seine Bevölkerung nicht mehr ernähren könne und dass in Zukunft Hungersnöte das Land heimsuchen würden. Eine Ausweitung der Anbaufläche war nicht mehr möglich. Darauf rief die Regierung die ***Grüne Revolution*** aus. Die Bauern setzten neue Hochleistungssorten ein („Wunderreis" und „Wunderweizen"), die bis zur Ernte nicht mehr 150 Tage, sondern nur noch 100 brauchten. Die Ähren trugen mehr, und da die Halme kürzer waren, knickten sie nicht so leicht. Die Ernteerträge verdreifachten sich. Allerdings profitierten nur Großbetriebe davon, denn nur sie besaßen genügend Kapital für das neue Saatgetreide, für den Bau von Bewässerungsanlagen und für den Kauf von mineralischem Dünger und Schädlingsbekämpfungsmitteln. Viele Pächter, die eine kleine Ackerfläche bewirtschafteten, verarmten. Auch die landlosen Landarbeiter gingen leer aus. 16 Mio. Betriebe haben weniger als 2 ha, rd. 50 Mio. landwirtschaftliche Betriebe sind kleiner als 1 ha. Der Armut können die Kleinbauern nicht entfliehen, auch wenn zwei bis drei Ernten im Jahr möglich sind. Viele sind hoch verschuldet. Trotzdem kann Indien heute Weizen exportieren. Die höheren Erträge in der Landwirtschaft wären ohne die vom Staat gebauten riesigen Staudämme und die mehrere tausend Kilometer langen Bewässerungskanäle nicht möglich gewesen. Die Grüne Revolution ist nur auf großen Flächen rentabel und dort, wo viel Wasser vorhanden ist.
Der ***Bewässerungsfeldbau*** ist am stärksten in der Gangesebene und im Brahmaputratal ausgeprägt. Dort ist ein ausgedehntes Netz von Bewässerungskanälen gebaut worden. Das Dekkan-Hochland ist das Hauptverbreitungsgebiet für die „Tankbewässerung", also für Wasser aus Stauteichen. Im trockenen Nordwesten und an der regenabgekehrten Seite der Westghats im Osten des Gebirges wird das Wasser für die Bewässerung aus Brunnen geholt.

Die Landwirtschaft ist das Rückgrat der indischen Wirtschaft. Sie beschäftigt 60 % der Erwerbstätigen, die 29 % des Bruttoinlandsproduktes (BIP) erwirtschaften. Die Landwirtschaft liefert Rohstoffe für die Baumwoll- und Zuckerindustrie.

Der indische Monsun

Indien hat vier Jahreszeiten: 1. Winter trocken-kühl von Dezember bis Februar, 2. Sommer trocken-heiß März bis Mai, 3. Regenzeit feucht-heiß Juni bis September, 4. Übergangszeit Oktober bis November.

Die wichtigste Zeit ist die Zeit des ***Sommermonsuns.*** Monsun bedeutet Jahreszeitenwind. Anfang Juni beginnt ein Südwestwind über Indien zu wehen. Die warme Luft hat über dem Indischen Ozean viel Feuchtigkeit gespeichert. An der dem Wind zugewandten Seite der Gebirge kommt es zu hohen Niederschlägen. Die höchsten Niederschläge fallen an der Westseite der Westghats und im Vorland des Himalaya. Das Dekkan-Hochland liegt im Regenschatten. Setzt der Südwestmonsun nicht rechtzeitig ein, ist die Ernte gefährdet. Regnet es zu viel, kommt es zu Überschwemmungen.

Bleibt er ganz aus, drohen Dürren. Im Winter wechselt die Windrichtung. Der Wind weht aus Nordost. Der ***Wintermonsun*** (= Nordostmonsun) bringt aber nur Südindien noch ergiebige Niederschläge.

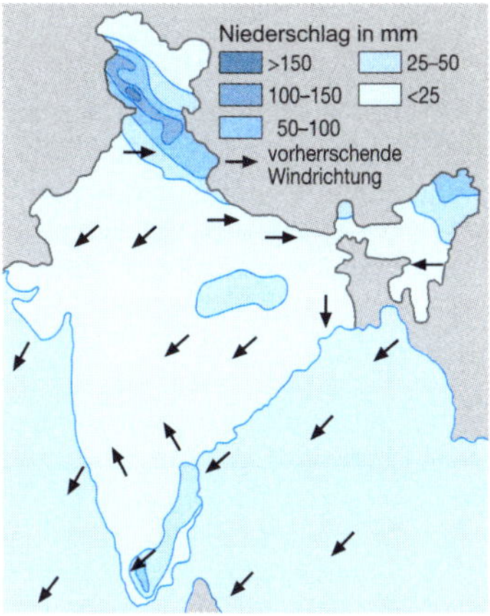

Niederschlag und Wind im Januar

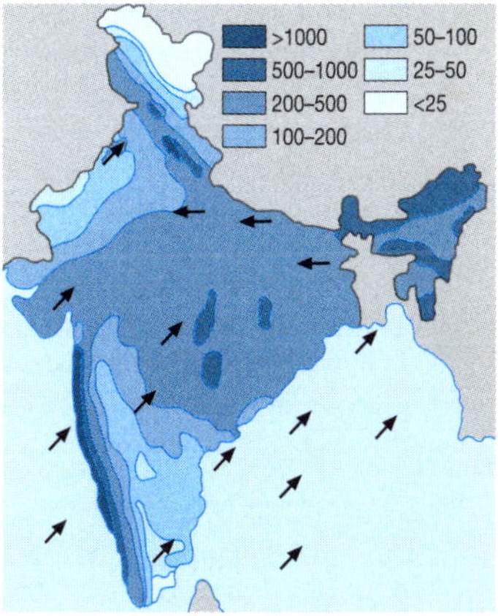

Niederschlag und Wind im Juli

Land-Stadt-Wanderungen

Von 100 Erwerbstätigen in Indien arbeiten 60 in der Landwirtschaft. In Deutschland sind es noch nicht einmal 3. Viele indische Bauern haben gerade soviel Land, dass sie sich selbst ernähren können. Sie betreiben ***Subsistenzwirtschaft.*** Tagelöhner und kleine Pächter müssen sich oft Geld leihen, um überleben zu können. Die Kredite müssen sie mit hohen Zinsen zurückzahlen. In den Dörfern nimmt auch die Arbeitslosigkeit immer mehr zu. Die Armut wächst und die Hoffnung auf eine Besserung ist vergeblich. Diese schlechten wirtschaftlichen Bedingungen nennt man ***Push-Faktoren*** (von Englisch *to push,* heraustreiben). Viele junge Leute wandern in die Städte ab. Ein anderer Ausdruck dafür ist ***Landflucht.*** In den Dörfern bleiben die Alten, denen Geld und Kraft fehlen. Die Gebäude verfallen und der Zusammenhalt in der Dorfgemeinschaft lässt nach. An der Lage der Dorfbewohner ändert sich wenig, auch wenn der Staat versucht, Kleinindustrien in den Dörfern anzusiedeln.

In den Städten gibt es genügend Arbeitsplätze, viele Geschäfte und Freizeitmöglichkeiten. Die jungen Leute möchten auch am Wohlstand der Städter teilhaben. Das sind die ***Pull-Faktoren*** der Stadt (von Englisch *to pull,* anlocken, anziehen).

Aber die Städte sind auf den Ansturm schlecht vorbereitet. Die Einwohnerzahlen steigen so schnell, dass die Wohnungsnot immer größer wird. Der Verkehr bricht regelmäßig zusammen. Häufig gibt es Probleme mit der Trinkwasserversorgung. Millionen von Zuwanderern leben in ***Slums,*** das sind Hüttensiedlungen oft ohne Trinkwasser, elektrischen Strom und Kanalisation. Während der Monsunzeit stehen die Slums häufig unter Wasser. Wer kein Geld hat, muss unter einer Plastikplane auf der Straße leben. Längst nicht alle Zuwanderer finden Arbeit in der wachsenden Industrie. Viele haben nur unterbezahlte Gelegenheitsjobs, betreiben etwas Straßenhandel oder bieten ihre Dienste als kleine Handwerker an.

Drei von vier Indern leben auf dem Land. In Indien gibt es rd. 600 000 Dörfer. Die drei größten Städte sind: Mumbai (früher Bombay) 14 Mio. Ew., Kolkata (früher Kalkutta) 12 Mio. Ew., Delhi 9 Mio. Ew. – zum Vergleich Berlin: 3,4 Mio. Ew.

Entwicklungsland – Schwellenland – Industrieland?

Indien hat zwei Gesichter. Es gehört zu den Staaten, die im Vergleich zu den Industrieländern Entwicklungsrückstände in der Wirtschaft, bei der Infrastruktur und im sozialen Bereich haben.

Merkmale aus dem Jahr 2001, die auf ein ***Entwicklungsland*** hinweisen (in Klammern der Vergleich mit Deutschland):
Kaufkraft je Einwohner in US-Dollar: 2820 (25 240)
Anteil der Beschäftigten in der Landwirtschaft in %: 60 (2,7)
Bevölkerungswachstum 1980–2001 in %: 1,9 (0,2)
Einwohner pro Arzt: 2439 (298)
Analphabeten in % der Einwohner: Männer 24, Frauen 46 (1)
Bevölkerung in % mit Zugang zu Trinkwasser: 88 (100)
Auslandsverschuldung in Mrd. US-Dollar: 97,3 (0)

Weitere Merkmale sind hohe Kindersterblichkeit (9,8 %) und eine geringe Lebenserwartung (63 Jahre). In einem Schwellenland ist der Industrieanteil am Bruttoinlandsprodukt höher als in einem Entwicklungsland. Das trifft für Indien bereits zu. Die soziale Entwicklung bleibt jedoch noch hinter dem Wirtschaftswachstum zurück. In einem Industrieland ist das Pro-Kopf-Einkommen hoch. In Indien liegt es unter 3000 US-Dollar im Jahr. Aber: Indien bietet mit seinen Steinkohle-, Eisenerz-, und Bauxitvorräten günstige Voraussetzungen für die Industrialisierung. Es ist unabhängig von Industriegüterimporten, da es selbst genügend produziert. Indische Computerfachleute und Atomphysiker gehören zu den besten der Welt. Bill Gates, der Boss von Microsoft, meint, dass Indien bald eine Software-Supermacht sein wird. Indien betreibt ein eigenes Weltraumprogramm mit Raketen und Satelliten. Das Land verzichtet inzwischen auf Entwicklungshelfer. Dafür leisten indische Firmen Entwicklungshilfe in Asien und Afrika. In Indien gehören schon 250 Mio. Menschen, das ist ein Viertel der Gesamtbevölkerung, zu einer kaufkräftigen Mittelschicht wie bei uns.

Indien ist die zwölftgrößte Industrienation der Erde. Aber nur jeder 4. Inder ist Nutznießer der Industrialisierung. Die Mehrheit der Inder lebt noch auf dem Land. Zwischen Arm und Reich bestehen sehr große Unterschiede.

9 China – bevölkerungsreichstes Land der Welt auf dem Weg zur Marktwirtschaft

Landesnatur

China ist ein Gebirgsland. Vom Hochland in Tibet fällte es nach Osten zum Pazifischen Ozean in Stufen ab. Mehr als ein Drittel des Landes (36 %) ist Hochgebirge, 30 % sind Hochflächen und nur ein Zehntel des Landes besteht aus Tiefebenen. Vereinfacht kann man eine Gliederung in vier Großlandschaften vornehmen: Der Nordwesten liegt im Regenschatten des Tibetanischen Hochlandes und ist vegetationsarm. Wegen seiner Wüsten und Steppen wird er als ***graues*** oder ***braunes China*** bezeichnet. Der Südwesten wird von Hochgebirge eingenommen. Das Klima ist trocken und sehr kalt. Schnee und Eis haben zu der Bezeichnung *weißes China* geführt.

Der Nordosten trägt den Namen ***gelbes China*** wegen der Farbe des Lössberglandes. Löss ist feiner Flugstaub, der seit Jahrtausenden mit den Winterstürmen von Innerasien nach China geweht wird. Der Gelbe Fluss (Hwangho, Huang He), der in den vergangenen Jahrtausenden 26 Mal seinen Lauf verlegt hat, lagerte den fruchtbaren Löss in der Tiefebene ab.

Der Südosten ist das ***grüne China*** mit tropisch-subtropischem Klima. Der warmfeuchte Sommermonsun begünstigt eine üppige Vegetation. Bis zu vier Reisernten sind im Jahr möglich.

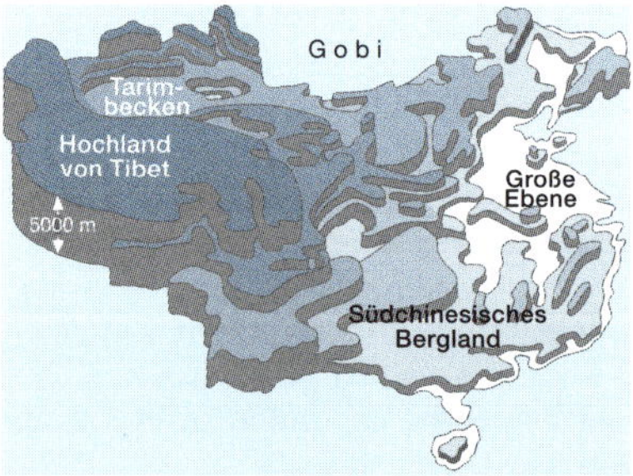

Gliederung in Landschaften

China hat eine Fläche von 9,6 Mio. km². Es ist das viertgrößte Land nach Russland, Kanada und den USA. Nur 10 % des Landes sind als Ackerland zu gebrauchen (in Deutschland 34 %).

Bevölkerung

Im alten China zeigte sich an der Bevölkerungsentwicklung die Weisheit des Herrschers. Daran änderte sich zunächst auch nichts, als die Volksrepublik China 1949 durch Mao Tse-tung gegründet wurde. Er behauptete: „Eine große Bevölkerung ist eine gute Sache." Als Mao 1976 starb, näherte sich die Bevölkerungszahl schon der Milliardengrenze. Seine Nachfolger sahen in der ***Überbevölkerung*** die Wirtschaft des Landes bedroht. Sie forderten ab 1979/80 die ***Ein-Kind-Familie.*** Paare, die die Anordnung befolgten, erhielten eine Prämie. Wurde ein zweites Kind geboren, reagierte der Staat mit Strafen wie z. B. Lohnkürzungen. Die staatliche Ein-Kind-Politik rief großen Widerstand hervor, denn nur die Geburt eines Sohnes garantiert traditionell den Fortbestand der Familie. Deshalb gibt es Ausnahmeregelungen. So dürfen Bauern zwei Kinder haben, wenn das erste Kind ein Mädchen ist. Die Dorfbevölkerung in Tibet ist ganz von der Geburtenkontrolle befreit.

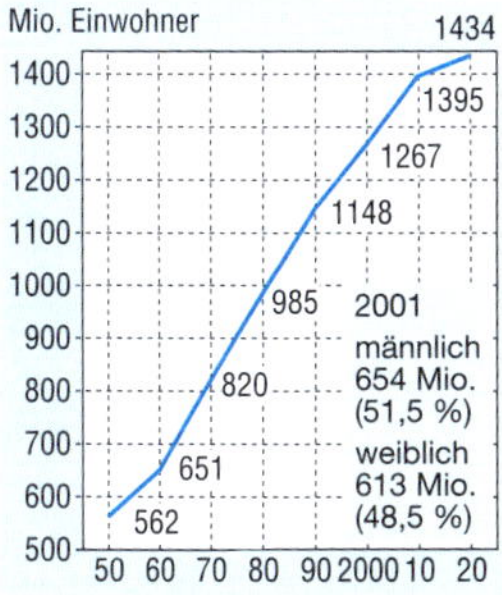

Bevölkerungsentwicklung

China ist das bevölkerungsreichste Land der Erde. Dort lebt über ein Fünftel der Weltbevölkerung. Die chinesische Regierung versucht mit Belohnungen oder Strafen die „Ein-Kind-Familie" durchzusetzen, um das Bevölkerungswachstum zu stoppen.

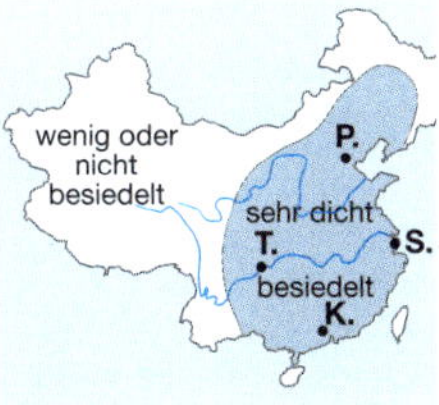

Bevölkerungsverteilung

In den Städten wurde die Ein-Kind-Familie durchgesetzt. Auf dem Land, wo zwei Drittel der 1,3 Milliarden Chinesen leben, hat fast jede zweite Familie Anrecht auf ein zweites Kind. Trotz der Geburtenplanung wird die Bevölkerungszahl weiter zunehmen. Erst 2050 wird bei 1,5 Mrd. Chinesen ein Nullwachstum erreicht.

Die Jahrzehnte vor der Marktwirtschaft

Ab 1949 richtete sich China nach dem Vorbild der Sowjetunion aus. Die neue „Volksrepublik" sollte unter der Leitung der Kommunistischen Partei zu einer sozialistischen – am Gemeinwohl orientierten – Gesellschaft umgeformt werden. Großgrundbesitzer wurden enteignet, private Unternehmen in Staatsbetriebe umgewandelt. Der Staat legte fest, was und wie viel zu produzieren war. Er plante auch, was jeder Chinese verbrauchen durfte, und setzte die Preise fest. In der ***Planwirtschaft*** bevorzugte der Staat die Entwicklung der Schwerindustrie. Nachteil der zentralen Planung war, dass es keinen Wettbewerb gab und ausländische Konkurrenz nicht zugelassen war. China setzte alles daran, sich vom Ausland unabhängig zu machen, also autark zu sein.

1958 entstanden ***Volkskommunen,*** die sich aus ehemaligen Dörfern zusammensetzten. Ziele waren eine Steigerung der landwirtschaftlichen Produktion und die Ansiedlung von Kleinindustrien in den ländlichen Gebieten. Die Dörfer hießen jetzt Produktionsbrigaden. Neben ländlichen gab es ebenfalls städtische Volkskommunen.

Von 1966 bis 1975 veranlasste der Staat eine ***Binnenwanderung*** von dem dichtbesiedelten Zentral- und Ostchina nach West- und Nordwestchina. Rd. 12 Mio. Schulabgänger wurden unter dem Motto „Hinunter in die Dörfer, hinauf auf die Berge" zwangsumgesiedelt. Bereits Mitte der 1970er-Jahre zeichnete sich der Zusammenbruch der Wirtschaft ab. 1978 wurde Deng Xiaoping Nachfolger Maos. Durch ihn erfolgte die Abkehr von der zentral gelenkten Planwirtschaft.

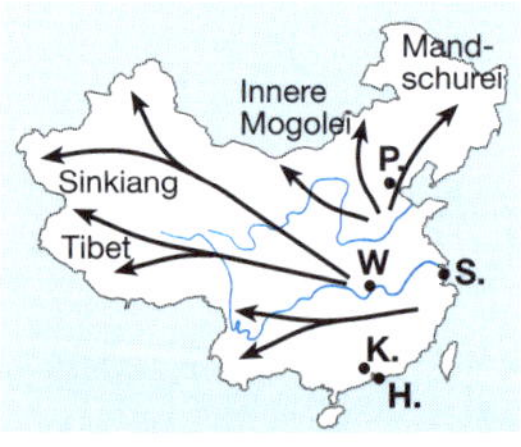

Gelenkte Binnenwanderung

Die Volksrepublik China wurde 1949 durch Mao Tse-tung gegründet. Die kommunistische Partei übernahm alle Leitungsaufgaben im Staat. In der zentral gelenkten Wirtschaft (Planwirtschaft) bestimmte der Staat Gütermengen und Preise. Er lenkte die Ausgaben für die Infrastruktur und neue Industriestandorte.

Sozialistische Marktwirtschaft

Sozialistische Marktwirtschaft ist ein Wirtschaftssystem, in dem marktwirtschaftliche Elemente wie Privateigentum, freie Märkte und freie Preisgestaltung parallel zum sozialistischen Eigentum an Produktionsmitteln (Staatsbetriebe) bestehen. Der Staat reguliert weiterhin die Wirtschaft und greift ein, um Einkommensunterschiede auszugleichen.

Nach 1978 wurden die Volkskommunen aufgelöst, weil sie nicht leistungsfähig waren. Die Aufforderung „Bereichert euch!" galt anfangs nur für die Bauern. Sie durften einen Teil der Ernte selbst behalten. Der Boden blieb allerdings noch in staatlicher Hand. Ausländische Firmen durften nun auch in China produzieren, zunächst in wenigen ***Sonderwirtschaftszonen*** und ausgewählten Küstenstädten. Eine Industriereform legte fest, dass Löhne nach Leistung bezahlt wurden. Die Betriebe hatten sich am Gewinn zu orientieren. Unrentable Staatsbetriebe wurden geschlossen. Der Staat übernahm jetzt die Garantie für Privateigentum.

Die Kommunistische Partei Chinas bekannte sich zur ***sozialistischen Marktwirtschaft.*** 1999 wurde das Konzept in der Verfassung verankert. Der Staat förderte den Ausbau der Marktwirtschaft. Die Wirtschaft wuchs sehr schnell, und immer mehr multinationale Konzerne ließen sich in China nieder. Die Zahl der Sonderwirtschaftszonen stieg auf über 200. Den Bauern wurde wieder erlaubt, Land zu kaufen oder zu verkaufen. Das Einkommen, besonders das der Stadtbewohner, stieg an, aber gleichzeitig wuchs die Arbeitslosigkeit.

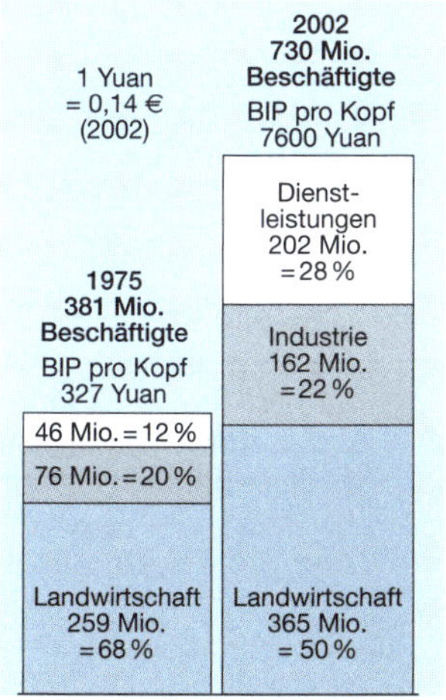

Beschäftigte und Bruttoinlandsprodukt (BIP) pro Kopf

Wanderarbeiter

Über Jahrzehnte war es dem Staat gelungen, die Land-Stadt-Wanderungen zu unterbinden. Damit wurde einem unkontrollierten Städtewachstum vorgebeugt. Aber seit dem Wirtschaftsboom, der besonders die Küstenregion erfasste, drängen Arbeit Suchende aus dem Hinterland in die Städte. In der Landwirtschaft sind bereits viele Arbeitskräfte überflüssig geworden. Staatliche Kommissionen schätzen, dass in naher Zukunft rd. 150 bis 200 Mio. ländliche Arbeitskräfte in die Städte abwandern werden. Gegenwärtig schwanken die Angaben über die Wanderarbeiter zwischen 100 und 150 Mio. Der Grund: die meisten erhalten keine dauerhafte Aufenthalts- und Arbeitserlaubnis. Sie arbeiten auf Baustellen, versuchen sich als Kleinhändler, verdingen sich als Haushaltshilfe oder kommen bei der Müllabfuhr unter. In den großen Städten haben Wanderarbeiter rd. ein Viertel der Jobs übernommen, sehr zum Unmut der vielen städtischen Arbeitslosen, die ihren Job bei den staatseigenen Unternehmen verloren haben.

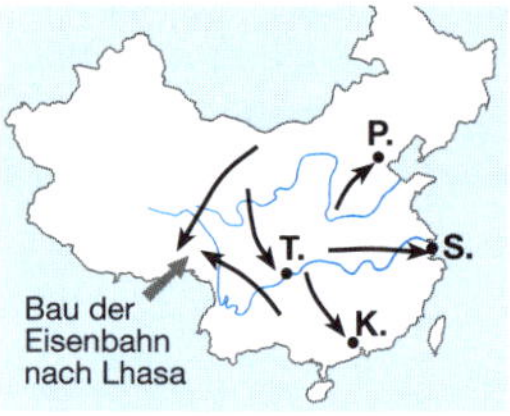

Richtung der Wanderungen

Wer sich in der Stadt anmeldet, erhält neben der Arbeitserlaubnis und der Aufenthaltsbewilligung einen Schein für die Familienplanung und ein Papier, das dazu berechtigt, eine Unterkunft zu mieten. Viele leben jedoch in Rohbauten, auf Bauplätzen oder in Containern. Da sie praktisch rechtlos sind, nutzen illegale „Arbeitsvermittler“ ihre Situation aus. Manche „Unternehmer“ sind mit den Lohnauszahlungen monatelang im Rückstand.

In den Millionenstädten wie Peking, Schanghai, Kanton oder Schenzen sind eigene Wanderarbeiter-Siedlungen entstanden. Die Wohnbedingungen sind jedoch völlig unzureichend.

Zwischen Stadt und Land bestehen in China große Einkommensunterschiede. Das Wohlstandsgefälle führt zu Wanderungsbewegungen in die großen Städte. Die Zahl der Wanderarbeiter beträgt 100 – 150 Mio. Jährlich kommen 10 Mio. hinzu.

10 Der Nahe Osten

Die Abgrenzung ist nicht ganz eindeutig. Im deutschen Sprachgebrauch versteht man darunter die Länder der Arabischen Halbinsel. Oft wird auch der Iran dazu gerechnet, obwohl die Bewohner keine Araber sind. Engländer und Amerikaner nennen die Region einschließlich der Türkei und Ägypten ***Middle East.***

Der Nahe Osten bzw. der Mittlere Osten ist nicht gleichzusetzen mit dem Begriff Orient. Der ***Orient*** ist ein zusammenhängendes Gebiet, das von Marokko im Westen bis nach Afghanistan im Osten reicht und durch den ***Islam*** geprägt wird. Der Nahe Osten liegt in einer Zone extremer Trockenheit. Charakteristisch sind ausgedehnte Wüstengebiete wie die Große Arabische Wüste in Saudi-Arabien mit rd. 700 000 km^2 (doppelt so groß wie Deutschland).

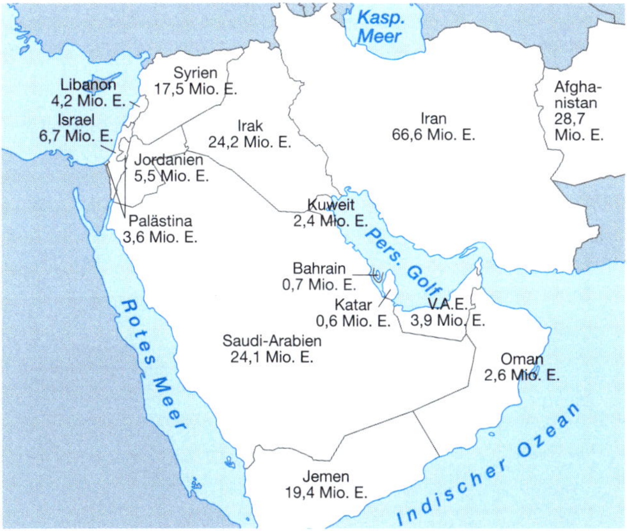

Länder des Nahen Ostens mit Einwohnerzahlen Mitte 2003

Religion

Im Nahen Osten ist, abgesehen von Israel, der ***Islam*** die Hauptreligion. Der Islam wurde 610 n. Chr. von ***Mohammed*** gegründet. Die Gläubigen, die sich zum Islam bekennen, heißen ***Muslime.*** Ihr heiliges Buch ist der in arabischer Sprache geschriebene ***Koran.*** Er enthält die Hauptpflichten, die jeder Muslim zu befolgen hat. Diese „Fünf Säulen des Islam" umfassen das Glaubensbekenntnis, das Gebet fünfmal am Tag, das Almosengeben, das Fasten im Monat Ramadan und die Pilgerfahrt nach Mekka. Strenggläubige Muslime lehnen die westliche Lebensweise und einen Staat nach westlichem Vorbild ab. Sie fordern, dass jeder die Koranvorschriften befolgt und dass Gottesgelehrte die Herrschaft in einem Gottesstaat übernehmen.

Der Islam ist in zwei Glaubensrichtungen gespalten. Die Sunniten (von *Sunna* = Brauch, Sitte) orientieren sich am Koran und an den von dem Propheten Mohammed überlieferten Aussprüchen. Über 90 % aller Muslime sind Sunniten. Die Schiiten (von *Schia* = Partei) sehen im Imam den Führer und Nachfolger Mohammeds. Der erste Imam war Ali, der Vetter Mohammeds.

Heilige Stätten des Islams
Mekka: Geburtsort Mohammeds, religiöser Mittelpunkt des Islams, wichtigster Wallfahrtsort (Große Moschee)

Medina: Grabesmoschee von Mohammed und seiner Tochter Fatimah

Jerusalem: Tempelberg, von dem aus Mohammed in den Himmel auffuhr

Wallfahrtsorte der Schiiten

Nadschaf: Grab von Ali (Mohammeds Vetter)

Kerbala: Grabesmoscheen von Mohammeds Onkel und Enkel

Mesched: Heiliges Grab des Imams Reza (Iman = Nachfolger des Propheten Mohammed)

Kum: Grabesmoschee Fatimas (Imam Rezas Schwester)

Wasser

Im Nahen Osten ist Wasserknappheit ein großes Problem. Die Oasenbauern nutzen jeden Tropfen bei der Bewässerung ihrer Felder. Bei der herkömmlichen ***Furchenbewässerung*** leiten sie Fluss- oder Brunnenwasser in kleine Parzellen, die mit Erdwällen umgeben sind. Nachteil dieser Methode ist, dass viel Wasser verdunstet und der Boden versalzen kann, wenn bei zu viel Wasser das im Boden gelöste Salz nach oben aufsteigt. Deshalb sind Entwässerungskanäle genau so wichtig wie Bewässerungskanäle. Moderne Bewässerungssysteme wie die ***Tropfbewässerung,*** bei der das Wasser direkt an die Pflanzenwurzeln geleitet wird, sparen zwar Wasser, kosten aber wegen der Zuleitungen und Schläuche viel Geld.

Da die Bevölkerung wächst, nimmt auch der Wasserverbrauch zu. ***Tiefbrunnen*** sollen Abhilfe schaffen, doch dadurch sinkt der Grundwasserspiegel. Wegen der Stauseen und Wasserableitungen am Jordan, Euphrat und Tigris kommt es zwischen den Anliegern immer wieder zu Streitigkeiten.

Die wichtigsten Flüsse sind Euphrat, Tigris und Jordan. Euphrat und Tigris entspringen in der Türkei. Das Wasser dieser Flüsse wird in ***Stauseen*** aufgefangen. Syrien und der Irak befürchten, dass die Türkei in Dürrezeiten das Wasser für sich allein verwendet. Der Jordan entspringt im Grenzgebiet von Israel, dem Libanon und Syrien. Die geringen Niederschläge und die stark beanspruchten Grund- und Flusswasserreserven haben in den erdöl- und erdgasreichen Ländern zu einer neuen Form der Trinkwasserversorgung geführt.

In ***Meerwasser-Entsalzungsanlagen*** wird salzhaltiges Wasser zu Trinkwasser aufbereitet. Das bekannteste Verfahren ist die Verdampfung. Salzwasser wird in Kammern geleitet und erhitzt. Frisches Meerwasser kühlt den Dampf ab. Bei einem anderen Verfahren drücken Hochdruckpumpen das Salzwasser gegen eine Membran, die das Salz zurückhält. Beide Verfahren sind sehr energieaufwändig. Trinkwasser aus Meerwasser kostet bis zu achtmal mehr als „normales“ Trinkwasser. Zwei Drittel aller Meerwasser-Entsalzungsanlagen arbeiten inzwischen in den Ländern am Persischen Golf, die meisten davon an der Küste von Saudi-Arabien.

Erdöl und Erdgas

Schon vor Jahrtausenden waren erdölhaltige Stoffe bekannt. Bitumen und Pech wurden für Fackeln, als Heizmaterial und zum Abdichten von Booten verwendet. Vor dem Zweiten Weltkrieg begann die Erdölförderung im großen Maßstab. Aber erst mit der zunehmenden Motorisierung in den Industriestaaten wurde Erdöl auch ein Wirtschaftsfaktor für die Förderländer. Mit den ***Petrodollars*** aus dem Export des „schwarzen Goldes“ finanzierten die Ölstaaten neue Schulen und Straßen, bauten vollklimatisierte Hochhäuser, Glaspaläste und Einkaufszentren. Der neue Reichtum in den Städten zeigt sich auch an dem enorm angewachsenen Autoverkehr. Palmenalleen, Parks, Blumenbeete, bewässerte Gemüse- und Weizenfelder sowie Golfplätze mit grünem Rasen erwecken den Eindruck, als ob Wasser im Überfluss vorhanden ist. Erdgas, das früher nur abgefackelt wurde, wird heute in der Industrie, für Stromerzeugung und Meerwasserentsalzung eingesetzt. Der Export von Flüssiggas bringt zusätzlich Devisen.

Im Nahen Osten lagern 66 % der Welt-Erdölreserven. Bei gleich bleibender Förderung reichen die Vorräte noch 100 Jahre. Saudi-Arabien ist das ölreichste Land der Welt. Es hat einen Anteil von 25 % an den Weltreserven. Die im Nahen Osten bestätigten Erdgasvorkommen betragen 36 % der Welt-Erdgasreserven.

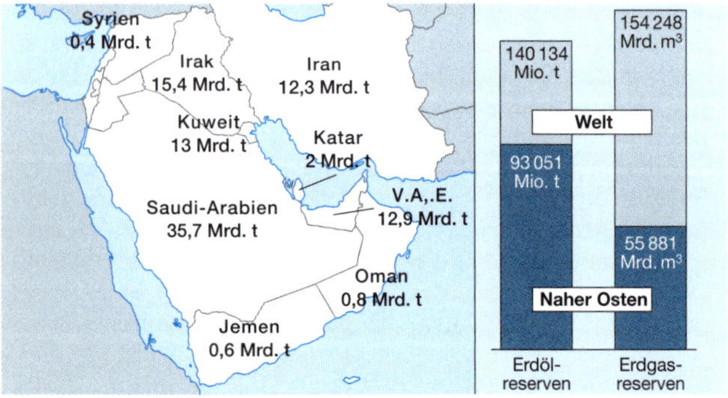

Erdöl- und Erdgasreserven im Nahen Osten

Israel und Palästina

Die Bibel erwähnt das Volk der Philister, das in der Nähe des heutigen Gazastreifens lebte und von dem sich das Wort Palästina ableitet. In der Folgezeit erweiterte sich der Begriff auf das Heilige Land bzw. das Land Israel. Die Region umfasste das heutige Israel und das übrige Palästina sowie Teile des Libanon und des westlichen Jordaniens. 1947 legten die Vereinten Nationen einen Plan zur Teilung Palästinas in einen jüdischen und einen arabischen Staat vor. Die Araber lehnten den Plan ab. 1948 wurde der Staat Israel gegen den Widerstand der Araber gegründet. Der erste *israelisch-arabische Krieg* 1948/49 führte zur Vertreibung der Palästinenser aus Israel. Der ***Nahostkonflikt*** ist bis heute nicht gelöst.

Israel (Fläche 20 991 km^2, die Hälfte der Schweiz) hat 6,7 Mio. Einwohner, davon 82 % Israelis und 18 % Palästinenser mit israelischer Staatsangehörigkeit. Westjordanland (5633 km^2) hat 2,4 Mio. Einwohner, der Gazastreifen (364 km^2) rd. 1,2 Mio.

1964 wurde die ***Palästinensische Befreiungsorganisation (PLO)*** gegründet. Sie forderte 1988 einen eigenen Staat Palästina. Jordanien hatte seinen Anspruch auf das Westjordanland an die PLO abgetreten. Der Gazastreifen und Teile des Westjordanlandes stehen unter palästinensischer Selbstverwaltung. Ungeklärt ist die Zukunft der jüdischen Siedlungen im Westjordanland und im Gazastreifen.

Ein weiterer Streitpunkt ist Jerusalem. Für die Israelis ist es die Hauptstadt und für die Juden in aller Welt ein Heiligtum wegen der „Klagemauer". Die Palästinenser betrachten Ostjerusalem als Hauptstadt von Palästina. Für die Muslime ist die Stadt ein wichtiges Pilgerziel.

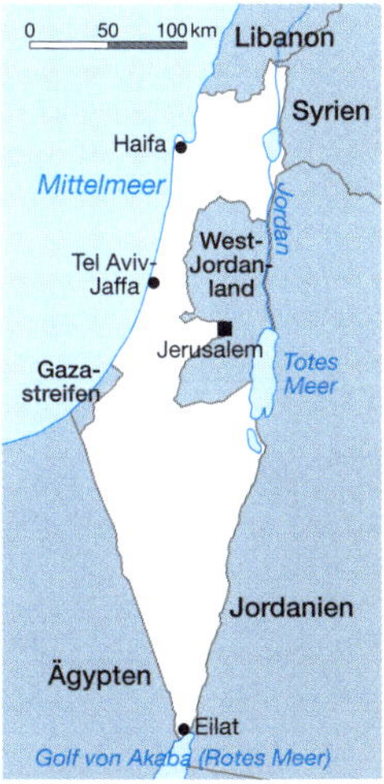

Israel und seine Nachbarn

11 Afrika– Kontinent mit Entwicklungsproblemen

Lage und Größe

Afrika ist mit 30 Mio. km² dreimal größer als Europa. Auf dem Kontinent leben 861 Mio. Menschen. Südlich der Sahara liegt die Grenze zwischen dem Orient und Schwarzafrika.

Der Äquator teilt Afrika in eine Nord- und eine Südhälfte. Der nach Asien zweitgrößte Kontinent wird von Europa durch die 14 km breite Straße von Gibraltar getrennt. Im Nordosten bildet der Sueskanal die Grenze zu Asien. Von Norden nach Süden beträgt die Entfernung rd. 8000 km. Das entspricht der Entfernung Spitzbergen–Sizilien. Von West nach Ost sind es an der breitesten Stelle rd. 7500 km, so viel wie von Irland bis zum Ural. Afrikas Landschaften bestehen aus riesigen Wüsten, Savannen und tropischen Regenwäldern. Die ***Sahara*** ist mit 9 Mio. km² Fläche die größte Wüste der Erde, fast 19-mal so groß wie Deutschland, Österreich und die Schweiz zusammen. Die wichtigsten Flüsse sind Nil (6671 km), Kongo (4374 km), Niger (4168 km), Sambesi (2736 km) und Oranje (2002 km). Dagegen nimmt sich der Rhein mit 1320 km bescheiden aus.

Afrika im Überblick

Die größte Erhebung ist der 5895 m hohe ***Kilimandscharo***, ein aus drei Vulkanen zusammengewachsener Gebirgsstock im ostafrikanischen Gebirgsland. Nordafrika liegt mit Ausnahme des Atlasgebirges, des Tibesti und des Ahaggargebirges nur 100 bis 500 m hoch. In der Mitte des Erdteils befindet sich wie eine große flache Schüssel das Kongobecken. Im südöstlichen Südafrika steigen die Drakensberge bis 3446 m an.

Sahelzone – ein gefährdeter Lebensraum

An den Südrand der Sahara schließt sich die Dorn- und Trockensavanne an. Nomaden mit ihren Viehherden folgen den jährlichen Niederschlägen. Da der Regen unregelmäßig fällt, bleiben Dürren nicht aus. Das Vieh verdurstet, die Brunnen versiegen. Aus der Dürrekatastrophe wird für die Menschen eine Hungerkatastrophe. Als Motorpumpen die herkömmlichen Ziehbrunnen ersetzten, stieg die Zahl der Menschen und Tiere zunächst wieder an. Doch die Erholung war nur kurz. Die Rinder fraßen das Land um die Brunnen kahl. Durch ***Überweidung*** trocknete der Boden schnell aus, und der Wind trug die feine Erde fort. Die Wüste dehnte sich weiter nach Süden aus. Da die Bevölkerung immer noch zunahm, wuchs auch der Bedarf an Brennholz. Im Radius von 100 km wurden rund um die Städte fast alle Bäume und Sträucher abgeholzt. Um für die wachsende Bevölkerung Nahrungsmittel zu erzeugen, dehnten die Bauern den Anbau für Hirse nach Norden über die Trockengrenze aus. Für den Hirseanbau pflügten sie auch Weiden um. Die Viehhirten wurden in Gebiete abgedrängt, die für die Weidewirtschaft nicht geeignet waren.

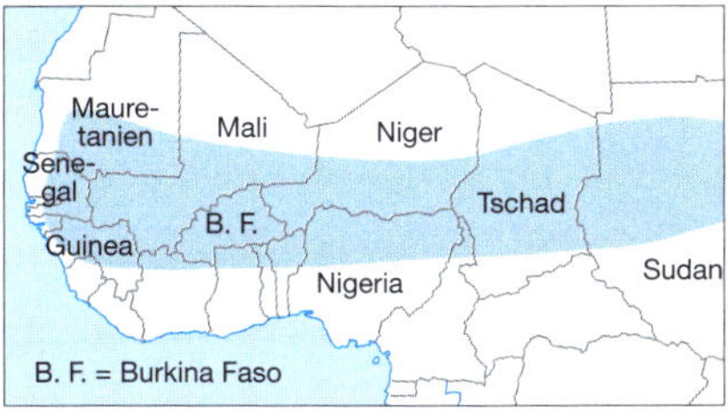

Sahelzone und Sahelländer

Sahel bedeutet im Arabischen „rettendes Ufer“. Die Zone ist rund 7000 km breit und 500 km lang. Im langjährigen Mittel schwanken die Niederschläge zwischen 200 und 600 mm pro Jahr.

Den Vorgang der Wüstenausbreitung nennt man ***Desertifikation.*** Er ist vom Menschen durch nicht angepasste Landnutzung verursacht, kann aber auch natürliche Ursachen haben, die in Klimaschwankungen zu suchen sind. Gegenwärtig dehnt sich die Sahara rd. 7 km im Jahr nach Süden aus.

Anbau von Handelspflanzen

In den Trockenräumen wird Baumwolle angebaut, sofern Bewässerungsmöglichkeiten wie am Nil oder am Senegalfluss vorhanden sind. In der Tropenzone West- und Ostafrikas gibt es große ***Plantagen.*** Viele dieser landwirtschaftlichen Betriebe haben sich auf den Anbau von Kaffee und Kakao spezialisiert. Sie produzieren für den ***Weltmarkt.*** Daneben bestehen kleine, oft nur 4 bis 6 ha große Betriebe, die auch ***cash crops*** (englisch *cash* = Bargeld, *crop* = Ernte) anbauen. Gegenüber den Plantagen sind sie im Nachteil, da sie zu wenig Geld für neues Saatgut und Maschinen haben. Deshalb gehen die Kleinbauern manchmal Anbauverträge mit den Plantagengesellschaften ein. Sie erhalten besseres Saatgut und liefern ihre Ernte zu einem Festpreis ab. Wenn der ***Weltmarktpreis*** aber sinkt, wird ihre Lage kritisch. Um überleben zu können, müssen sie ihre Anbaufläche ausdehnen.

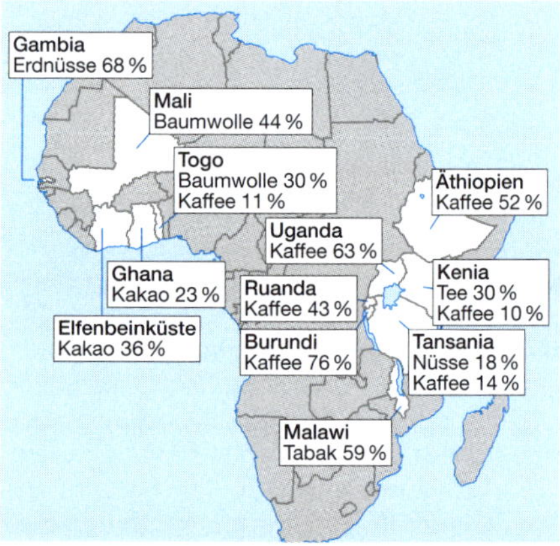

Anteil landwirtschaftlicher Erzeugnisse am Export in ausgewählten Ländern 2000/2001

Einige afrikanische Länder sind bei den Exporterlösen oft nur auf ein einziges landwirtschaftliches Produkt angewiesen. Fallende Weltmarktpreise bedeuten für sie meistens mehr Schulden.

Der Anbau von cash crops geht zu Lasten der Erzeugung von Nahrungsmitteln für den eigenen Bedarf. Viele bäuerliche Betriebe produzieren ohnehin nur für sich selbst oder verkaufen ihre Erzeugnisse auf dem nahen Markt.

Bodenschätze für die Weltwirtschaft

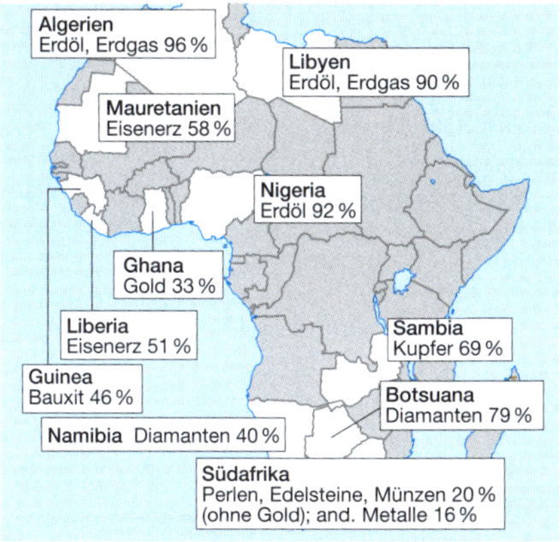

Anteile von Bergbaugütern am Export in ausgewählten Ländern 2000/2001

Afrika hat fünf große Bergbaugebiete: a) das Atlasgebirge (Marokko, Tunesien) mit Mangan [ein Stahlveredler] und Phosphat [Grundstoff für Düngemitte]), b) die Nordsahara (Algerien und Libyen) mit Erdöl und Erdgas), c) Westafrika (Liberia, Sierra Leone, Guinea) mit Eisenerz und Bauxit [Grundstoff für Aluminium], d) Zentralafrika (Demokratische Republik Kongo, Sambia) mit Kupfererz, e) südliches Afrika (Namibia, Südafrika, Simbabwe) mit Gold, Diamanten, Chrom und Kupfererz. In Afrika lagern rd. 90 % der Weltvorräte an Chrom und die Hälfte aller Vorkommen an Gold. Nigeria z. B. fördert fast so viel Erdöl wie Deutschland importiert. Die Republik Südafrika besitzt bis auf Erdöl die größten mineralischen Ressourcen Afrikas.

Afrika ist reich an Bodenschätzen. Der Anteil an der Weltproduktion von Chrom, Diamanten, Gold, Bauxit und Erdöl liegt über dem Anteil an der Weltbevölkerung.

Die afrikanischen Länder liefern die Rohstoffe an die Industrieländer und kaufen Industriegüter ein. Wie bei den landwirtschaftlichen Produkten müssen sie den Preis akzeptieren, den die Industrieländer bestimmen. Einige Staaten treiben daher die Weiterverarbeitung der Rohstoffe im eigenen Land voran und exportieren Halbfabrikate.

Hunger und Armut

Weltweit waren im Jahr 2002 Nahrungsmittel im Überfluss vorhanden. Pro Kopf standen im Weltdurchschnitt 2720 Kilokalorien (kcal) zur Verfügung, in Afrika südlich der Sahara jedoch nur 2100 kcal. Afrika ist zweigeteilt. Die Länder Nordafrikas können ihre Bewohner ausreichend ernähren, teils durch Eigenproduktion, teils durch Importe. Südlich der Sahara – mit Ausnahme des südlichen Afrikas – ist ein Drittel der Bevölkerung, rd. 180 Mio. Menschen, unterernährt. Einige Staaten erwirtschaften nicht genügend Devisen, um Nahrungsmittel einzukaufen. Sie sind auf Hilfslieferungen angewiesen. Noch 1960, als die meisten afrikanischen Staaten unabhängig wurden, konnte der Kontinent mit damals 276 Mio. Einwohnern sich selbst versorgen und sogar noch Nahrungsmittel exportieren. Anfang des 21. Jahrhunderts konnten 39 % der Bevölkerung südlich der Sahara weder lesen noch schreiben. Die Kindersterblichkeit ist hoch. 172 von 1000 Kindern erreichen nicht das fünfte Lebensjahr, in den Industrieländern sind es 6 von 1000. Die Lebenserwartung eines Neugeborenen beträgt 51,4, in Europa 73,2 Jahre. Die Seuche Aids hat besonders Afrika südlich der Sahara erfasst. In vielen Ländern sterben die Arbeitskräfte der mittleren Generation weg. Das Bruttosozialprodukt geht zurück. Über 300 Mio. Menschen südlich der Sahara müssen mit umgerechnet weniger als 1 € am Tag auskommen (↗ Karte Industrie-, Schwellen-, Entwicklungsländer S. 102). Bis 2015 wird sich ihre Zahl beim gegenwärtigen Wirtschaftswachstum nochmals um mehr als 100

Auf dem afrikanischen Kontinent lebt ein Achtel der Weltbevölkerung. In 32 von 53 Ländern wächst die Bevölkerung schneller als die Nahrungsmittelproduktion. Rd. 180 Mio. Menschen, vorwiegend südlich der Sahara, sind unterernährt.

Mio. erhöhen.Die Unterentwicklung hat mehrere Ursachen. Viele Regierungen sind bestechlich, so dass das Geld oft in falsche Hände gerät. Die Landwirtschaft wird nicht ausreichend gefördert. Stammeskämpfe um die Macht im Staat lähmen die wirtschaftliche Entwicklung. Bürgerkriege und Kriege erhöhen jedes Jahr die Zahl der Flüchtlinge.

12 Südostasien – räumliche und kulturelle Vielfalt

Lage und Gestalt

Südostasien gliedert sich in die zwischen Indien und China liegende Halbinsel Hinterindien und Inselindien mit mehr als 20 000 Inseln. Die Inselwelt ist Teil des zirkumpazifischen Feuergürtels (↗ Karte S. 106) mit über 80 aktiven Vulkanen und häufig auftretenden Erdbeben.
Hinterindien liegt in den wechselfeuchten Tropen mit einer Regen- und einer Trockenzeit im Jahr. Inselindien beiderseits des Äquators steht unter dem Einfluss des Monsuns. Bis zu 6° nördlicher und 6° südlicher Breite ist tropischer Regenwald verbreitet.

Staaten in Südostasien

Die Bevölkerung setzt sich aus verschiedenen Volksgruppen zusammen. Diese ethnische Vielfalt spiegelt sich in den verschiedenen Sprachen, Kulturen und Religionen wider.
Die Einwohner von Indonesien, Malaysia und Brunei sind überwiegend Muslime. Auf den Philippinen ist das Christentum stark verbreitet. In Thailand, Vietnam und Kambodscha bekennen sich viele Menschen zum Buddhismus. Die Chinesen, mit Ausnahme von Singapurs Minderheiten in den einzelnen Staaten, orientieren sich am Konfuzianismus (↗ siehe auch Japan, S. 40).

Südostasien umfasst 11 Staaten mit 544 Mio. Einwohnern. Der größte Staat ist von der Fläche und der Bevölkerungszahl her Indonesien (1,9 Mio. km²; 220,5 Mio. Einwohner).

Reis – ein Grundnahrungsmittel

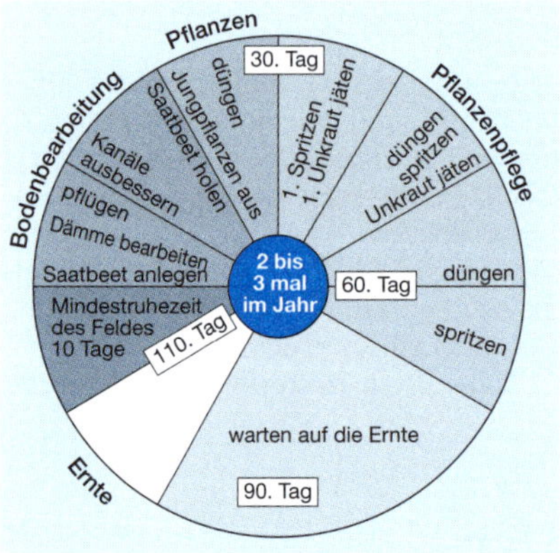

Arbeitskalender eines Reisbauern auf Bali. Drei Ernten im Jahr sind möglich, fünf in zwei Jahren.

Südostasien erzeugt rd. ein Fünftel der jährlichen Welternte an Reis. Reis, ein Sumpfgras, wächst am besten bei Temperaturen von 24 bis 33 °C. Er benötigt viel Feuchtigkeit. Für 1 kg Reis werden 600 bis 700 Liter Wasser gebraucht. Die höchsten Erträge liefert ***Nassreis.*** Die Felder sind mit Dämmen umgeben, damit ein Wasserstand von 10 cm gewährleistet ist. Reichen die Niederschläge nicht aus, muss bewässert werden. An Berghängen haben die Bauern Terrassen angelegt, um die Felder besser nutzen zu können. Während der Blüte- und der Erntezeit wird das Wasser abgelassen. ***Trockenreis*** bzw. Bergreis bringt weniger Erträge. Er ist nur dort verbreitet, wo Wasser knapp ist.

Reis kann auf einem Feld ohne Fruchtfolge nacheinander in Monokultur angebaut werden. Das Monsunklima Südostasiens bietet für den Anbau günstige klimatische Bedingungen.

Auf den Philippinen gelang Mitte der 1960er-Jahre die Züchtung von Hochertragssorten, die maßgeblich die ***Grüne Revolution*** auslösten. Sie sind weniger anfällig gegen Krankheiten und Insektenbefall. Sie haben eine gute Kornqualität und sind nach 110 Tagen erntereif. Durch Weiterentwicklung konnte innerhalb weniger Jahrzehnte auf den Philippinen und in Indonesien der Ertrag von 1 t/ha auf 4 t/ha gesteigert werden. Nachteilig sind hohe Kosten für Dünger und Pflanzenschutz.

Raumprobleme in Indonesien

Indonesien ist ein Vielvölkerstaat mit 221 Mio. Einwohnern. 88 % sind Muslime. Der Islam ist Staatsreligion. Neben der Amtssprache Indonesisch gibt es 250 andere Sprachen bzw. Dialekte.

Der Staat besteht aus 13 677 Inseln. Die West-Ost-Entfernung beträgt rd. 5100 km (Lissabon–Ufa/Ural), die Nord-Süd-Erstreckung 1900 km (Berlin–Athen). Die meisten Einwohner, über 120 Mio., leben auf der fruchtbaren Insel Java. Vor 200 Jahren waren es erst 2 Mio. Die Insel ist 132 000 km^2 groß (wie Griechenland, 11 Mio. Ew.). Die Regierung versuchte, der ***Übervölkerung*** auf Java, Madura und Bali entgegenzuwirken. Zwischen 1970 und 1995 siedelte sie rd. 6 Mio. Menschen in menschenarme Regionen auf Sumatra, Kalimantan, Sulawesi, die Molukken und Papua um. Aber das staatliche Umsiedlungsprojekt ***Transmigrasi*** brachte keine Entlastung. Viele Umsiedler scheiterten und kehrten in ihre Heimat zurück. Sie hatten in den entlegenen Gebieten Brandrodung betrieben, doch der Boden erwies sich als unfruchtbar. Noch zu Beginn der 1980er-Jahre waren zwei Drittel des Landes von Wald bedeckt. Ende des 20. Jhs. war die Fläche durch Brandrodung und Raubbau auf die Hälfte gesunken. In 40 Jahren könnte der tropische Regenwald ganz zerstört sein. Zwischen Einheimischen und Zugewanderten, z. B. auf Kalimantan, brechen immer wieder Konflikte aus, ebenso zwischen Muslimen und Christen auf Sulawesi und den Molukken. Im Norden Sumatras strebt die Provinz Aceh nach Unabhängigkeit. Die Provinz Papua wurde 2002 autonom, d. h. selbstständig.

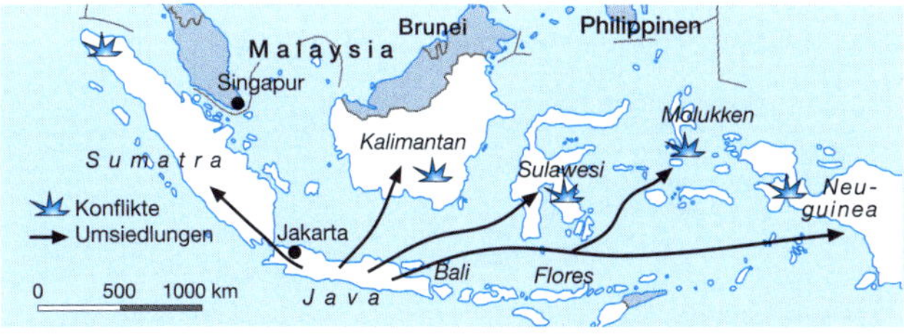

Indonesien – Kerninseln, Umsiedlungsgebiete, Konfliktregionen

Die Tigerstaaten

Zu den „vier kleinen Tigern" rechnet man Singapur, Südkorea, Taiwan und Hongkong. Die Tiger der „zweiten Generation" sind Thailand, Malaysia, Indonesien und die Philippinen.

Viele Staaten in Asien sind auf dem Sprung vom Entwicklungsland zum Industrieland. Den Anfang machten Singapur, Hongkong, Taiwan und Südkorea. Bis auf Singapur sind es nicht Länder Südostasiens, sondern des asiatisch-pazifischen Wirtschaftsraumes (↗ Karte ASEAN, APEC S. 96). Die Ausgangssituation war um 1950 ähnlich: Rohstoffe fehlten, aber Arbeitskräfte waren billig. Vier Entwicklungsphasen folgten aufeinander. Zuerst wurden Nahrungsmittel und Textilien für den eigenen Bedarf produziert und dadurch die teuren Importe ersetzt. Wirtschaftsfachleute nennen das ***Importsubstitution*** (lateinisch *substituere* = ersetzen). In der zweiten Phase ab 1970 förderte man die Schwerindustrie und stellte Erzeugnisse für den Weltmarkt her, z. B. Schiffe. Die ***Exportindustrialisierung*** setzte sich mit der Produktion hochwertiger Industriegüter fort. In der gegenwärtigen Phase werden Hightech-Güter wie Computer und Zubehör exportiert, aus Südkorea auch Autos und Schiffe. Südkorea liegt beim Bau von Handelsschiffen an erster Stelle in der Welt. Singapur gehört wurde eines der bedeutendsten Handels- und Finanzzentren der Welt. Hongkong, bis 1997 britische Kolonie, ist eine Sonderverwaltungsregion der Volksrepublik China und weiterhin wichtiges Finanz- und Handelszentrum. Taiwans (Republik China) Exportindustrie ist zu einem Drittel auf elektrische und elektronische Güter ausgerichtet. Die Wirtschaften aller Tigertaaten hängen von den Exporten in die USA ab.

„Fliegende Wildgänse" mit Japan in Führung: ein umstrittenes Modell, denn die Staaten setzen auf eigenständige Entwicklung.

13 Südamerika – Kontinent der Kontraste

Lage, Gestalt, Bevölkerung

Im Norden ist Südamerika durch die mittelamerikanische Landbrücke mit Nordamerika verbunden. Im Süden reicht der Kontinent bis 1000 km an die Antarktis heran. Vom Golf von Maracaibo in Venezuela bis zum Kap Hoorn an der Südspitze beträgt die Entfernung rd. 7500 km, vom Atlantik bis zum Pazifik maximal rd. 5000 km.

An das Bergland im Osten grenzt Tiefland. Im Westen durchzieht das 200 bis 800 km breite Faltengebirge der ***Anden*** den Kontinent von Nord nach Süd. Die nördlichen Anden sind durchschnittlich 4500 m hoch, die mittleren Anden 3500– 4000 m. Die am höchsten gelegene Hauptstadt der Welt ist La Paz. Drei Viertel des regenreichsten Kontinents liegen in den Tropen.

Großlandschaften und Staaten

Im Vergleich zu Europa ist Südamerika mit 358 Mio. Einwohnern dünn besiedelt. Die Bevölkerung setzt sich aus den Nachkommen von Indianern, eingewanderter Weißer (vorw. aus Portugal und Spanien), afrikanischer Sklaven und Mischlingen zusammen. Die Einwohnerzahl steigt schnell, von 1980 bis heute um mehr als 100 Mio.

Südamerika ist der südliche Teil des Doppelkontinents Amerika. Lateinamerika, nach den Sprachen der spanischen und portugiesischen Eroberer benannt, umfasst Mittel- und Südamerika.

Brasilien – ein Schwellenland

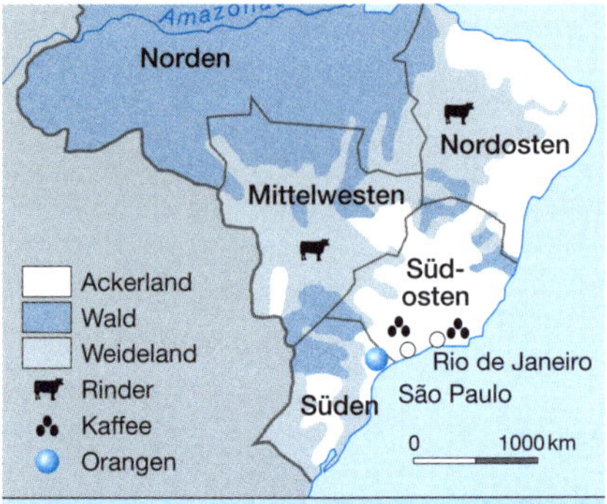

Region Stand 2000	Einw. (Mio.)	BIP/Einw. (US-$)	Analphabeten (%)
Norden	12,9	1827	12,3
Mittelwesten	11,6	2969	10,8
Nordosten	47,7	1312	26,6
Südosten	72,3	4003	7,8
Süden	25,1	3119	7,8

Schwerpunkte der Landwirtschaft

Gemessen an der Leistungsfähigkeit seiner Volkswirtschaft nimmt Brasilien den 8. Rang in der Welt ein. Bei der Erzeugung von Orangen, Zitronen und Kaffee steht es an 1. Stelle, bei Sojabohnen und Zucker aus Zuckerrohr an 2. Den ersten Platz nimmt es auch bei der Förderung von Eisenerz, den dritten bei der Gewinnung von Bauxit ein.

Schwerpunkt der industriellen Entwicklung ist der Südosten. Hier werden Autos, Flugzeuge und Computer hergestellt, zum Teil unter Beteiligung ausländischer Firmen. Die Regenwaldregion im Norden ist reich an Bodenschätzen, aber dünn besiedelt. Mittelwesten und Nordosten sind die Regionen mit großen ***Fazendas*** (Viehzuchtbetrieben). Brasilien hat nach Indien den zweitgrößten Rinderbestand der Welt. Armenhaus ist der Nordosten, da Kleinbauern und Landarbeiter auf Fazendas und Plantagen kaum noch gebraucht werden.
Brasiliens „Landlosenbewegung“ mit 5 Mio. Mitgliedern kämpft für die Umverteilung des Großgrundbesitzes. 20 % der Bevölkerung besitzen 90 % der landwirtschaftlichen Fläche.

Das Gefälle zwischen Reich und Arm ist groß. 10 % der Bevölkerung gelten als reich. Sie erzielen 50 % des Volkseinkommens. 9 % der 170 Mio. Einwohner leben unter der Armutsgrenze.

Tropischer Regenwald im Amazonastiefland

Vor gut 30 Jahren schickte die brasilianische Regierung Hunderttausende land- und arbeitsloser Menschen nach Amazonien. Sie sollten sich im tropischen Regenwald beiderseits einer breiten Ost-West-Schneise, der ***Transamazonica,*** ansiedeln. Der Himmel verdunkelte sich, als die Kolonisten den Wald abbrannten und zwischen den verkohlten Baumstämmen Maniok und Süßkartoffeln anbauten. Das Erschließungsprojekt war ein Misserfolg. Was man nicht wusste: Der Boden, tropische Rotlehm- und Braunerde, enthält kaum Nährstoffe. Fehlt die Pflanzendecke, entsteht bei Sonneneinstrahlung eine steinharte Kruste. Der Regenwald ernährt sich aus sich selbst. Abgestorbene Blätter und Bäume sowie verendete Tiere werden schnell zersetzt. An den Wurzeln der Pflanzen werden sie von Pilzen so umgewandelt, dass die Nährstoffe direkt von ihnen aufgenommen werden können. Deshalb ist bei diesem ***Nährstoffkreislauf*** die Humusschicht sehr dünn.

Viele Pflanzen- und Tierarten sind noch nicht erforscht. Der Raubbau geht trotzdem weiter. Jedes Jahr gehen in Amazonien rd. 23 000 km^2, eine Fläche halb so groß wie Niedersachsen, verloren.

Seit 1970 wurden mehr als 600 000 km^2 gerodet. Tropisches Hartholz ist auf den Weltmärkten gefragt, der Staat treibt Straßenbau-, Staudammprojekte und Bergbau voran.

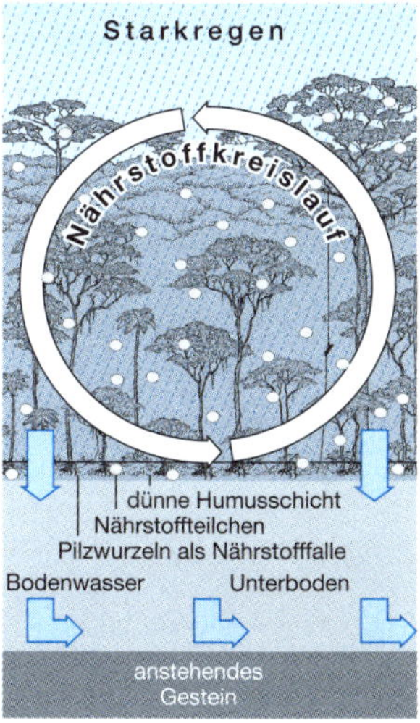

Tropischer Regenwald

Das Amazonasbecken trägt den größten tropischen Regenwald der Erde. Die Pflanzen- und Tierarten enthalten Erbanlagen, die für Medizin und Landwirtschaft wichtig werden können.

Metropole São Paulo

Eine Metropole (griechisch metropolis = Mutterstadt) ist eine bedeutende Groß- oder Hauptstadt. Sie nimmt eine überragende politische, wirtschaftliche und gesellschaftliche Stellung ein.

Binnenwanderung

Mit dem Geld, das die Plantagenbesitzer Ende des 19. Jahrhunderts in den Kaffeeanbau investierten, ist die Stadt groß geworden. 30 000 Einwohner lebten in der Kleinstadt, 80 km vom Atlantischen Ozean entfernt. Heute ist São Paulo nicht nur der größte Industriestandort Brasiliens, sondern auch Südamerikas und der Dritten Welt. In der Stadt, die sich 50 km von West nach Ost ausdehnt, leben über 17,8 Mio. Einwohner, fünfmal so viel wie in Berlin. Viele internationale Großunternehmen sind in der Industriemetropole vertreten, darunter auch als größter Arbeitgeber VW do Brasil. São Paulo ist die reichste Stadt Brasiliens. Sie erwirtschaftet ein Drittel des Bruttoinlandproduktes.

Die Arbeitskräfte stammten bis in die 1980er-Jahre vorwiegend aus dem trockenen Nordosten und den überfüllten Küstenstädten. Seither ist die ***Zuwanderung*** rückläufig. Der Bevölkerungszuwachs geht auf den hohen Anteil der jungen Stadtbevölkerung zurück. Die Zuwanderer knüpfen an die Stadt große Hoffnungen. Die meisten finden jedoch keinen Arbeitsplatz. Sie leben in ***Favelas,*** Elendssiedlungen am Stadtrand, in notdürftig zusammengezimmerten Hütten auf Hügeln oder zwischen Schnellstraßen und Eisenbahnlinien. Kinder und Jugendliche machen die Stadt unsicher. Die Straßenkinder betteln, verüben Überfälle, „arbeiten" als Handlanger oder als Kuriere für Rauschgifthändler. Die Reichen haben sich in umzäunte und bewachte Villenviertel zurückgezogen.

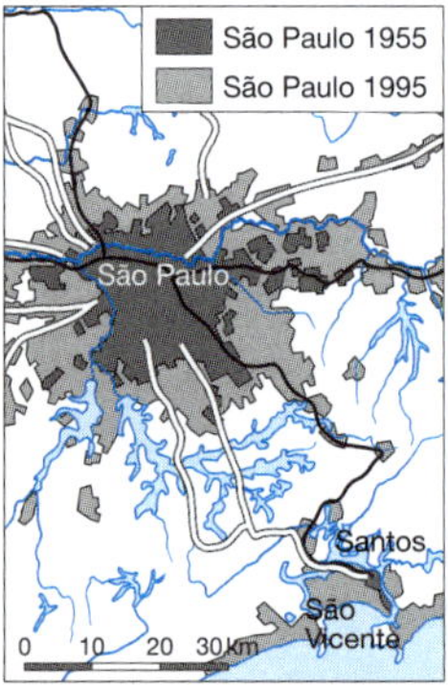

Ausdehnung von São Paulo

Andenstaat Bolivien

Etwa die Hälfte der Bevölkerung des Binnenstaates lebt auf der 3600–4000 m hohen Ebene des Altiplanos. Seit der Bergbau zurückgegangen ist, wandern viele Bolivianer in das fruchtbarere östliche Tiefland ab. Zwei Drittel der Bevölkerung sind ***Indios,*** d. h. Nachkommen der indianischen Ureinwohner. Die Oberschicht setzt sich aus den Nachfahren der eingewanderten Spanier zusammen und lebt in Städten. Bolivien ist reich an Bodenschätzen wie Gold, Silber, Zink, Blei und Zinn, aber die schwankenden Rohstoffpreise auf dem Weltmarkt führten zu einem Schrumpfen des Bergbaus. Während die Kleinbauern auf dem Altiplano ihre kleinen Parzellen nach herkömmlicher Art bestellen, erzeugen Großbetriebe im Tiefland Agrarerzeugnisse für den Export, vor allem Soja.

Bolivien ist eines der ärmsten Länder Südamerikas. 60 % der 8,6 Mio. Einwohner leben unterhalb der Armutsgrenze. Der Kokaanbau sichert Zehntausenden von Kleinbauern das Überleben.

Der Sojaanbau ersetzt teilweise den Anbau von ***Koka.*** Die Indios bestreichen die Blätter des immergrünen Kokastrauches mit etwas Kalk oder Asche und kauen sie. Damit vertreiben sie die Müdigkeit und das Kältegefühl. Aus getrockneten Kokablättern entsteht in geheimen Labors unter Verwendung von Wasser, Schwefelsäure, Petroleum, Azeton und Salzsäure ein weißes Pulver, Kokain. Es ist ein Rauschgift, das in die USA und nach Europa verkauft wird. Als die USA die Rodung der Kokafelder forderten, kam es zu Aufständen der Kokabauern. Drogengelder sind in Peru und Kolumbien immer noch ein wichtiger Wirtschaftsfaktor.

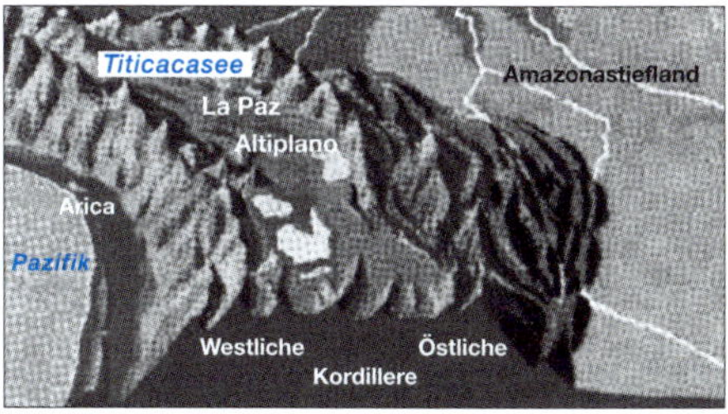

Blockbild der zentralen Anden

Verdichtungsräume in Deutschland

Ein Verdichtungsraum ist das Gleiche wie eine ***Stadtregion.*** Er umfasst eine Fläche von mindestens 100 km^2 und 150 000 Einwohnern. Ein anderer Begriff ist ***Ballungsraum.*** Konzentrieren sich Bevölkerung und Wirtschaftsbetriebe auf engem Raum, spricht man von einem ***Agglomerationsraum*** (lateinisch *agglomerare* = fest anschließen). Er besteht aus einem Zentrum, der Kernstadt, und einem stark verstädterten Umland. Berlin, Hamburg, München und Stuttgart z. B. sind Agglomerationsräume, die aus *einem* Zentrum bestehen. Ein Agglomerationsraum kann aber auch aus mehreren größeren Zentren bestehen, die miteinander verflochten sind. Die beiden größten Verdichtungsräume sind Rhein-Ruhr und Rhein-Main. So reihen sich z. B. im Rhein-Ruhrgebiet mehrere gleichrangige Großstädte aneinander. Deutschland ist von einem Städtenetz unterschiedlicher Größe überzogen. Der Anteil der städtischen Bevölkerung beträgt 87 %. Da in den Zentren der Städte die Flächen für Wohnungen und Betriebe knapp und teuer werden, wandern viele an den Stadtrand oder siedeln sich in den Umlandgemeinden an. Auch die Zwischenräume zwischen den Kernstädten und Siedlungsachsen im Umland werden bebaut. 43 000 km^2 sind mit Gebäuden, Straßen, Eisenbahnlinien und Flughäfen zugebaut.

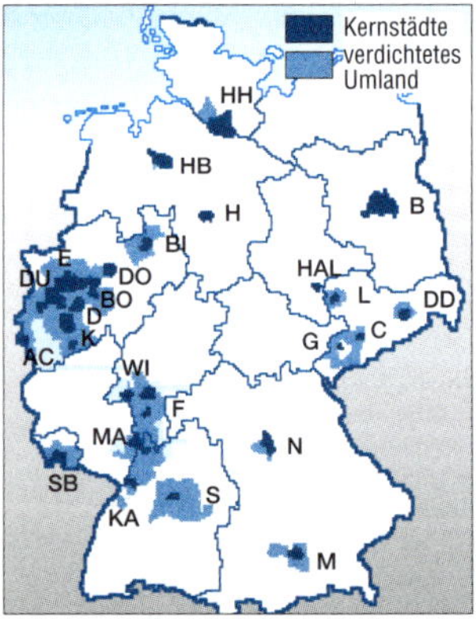

Verdichtungsräume mit starker Industrialisierung und Häufung von Dienstleistungen

Deutschland gehört nach den Niederlanden und Belgien zu den am dichtesten besiedelten Ländern Europas. Die Einwohnerzahl beträgt 82,6 Mio., die Bevölkerungsdichte 231 Einwohner je km^2.

Metropolregionen

In den meisten europäischen Staaten haben nur eine oder zwei ***Metropolen*** internationale Bedeutung. In Deutschland sind mehrere Metropolregionen für die Europäische Union (↗ Karte S. 94) von Bedeutung: Hamburg, Berlin/Brandenburg, Halle-Leipzig-Dresden („Sachsendreieck"), München, Stuttgart, Rhein-Main und Rhein-Ruhr. Die Kernstädte sind international bekannt, so das Bankenviertel in Frankfurt, der Hamburger Hafen und das Regierungsviertel in Berlin. In den Metropolregionen konzentrieren sich Dienstleistungen. Sie sind wichtige Verkehrsknotenpunkte. Internationale Messen und Ausstellungen finden statt. Unternehmen, Banken und Versicherungen sind zahlreich vertreten. Es gibt viele Kinos, Theater, Sportstätten und Hochschulen. Buch- und Zeitungsverlage sowie Film- und Fernsehstudios haben hier ihren Standort.

Eine Metropolregion ist ein Agglomerationsraum mit mindestens 1 Mio. Einwohner. Einkommen und Wirtschaftskraft sind überdurchschnittlich hoch. Der Raum hat internationale Bedeutung.

London und Paris werden als ***Weltstädte,*** englisch ***global cities,*** eingestuft. Sie stehen auf gleicher Stufe wie New York oder Tokio. Bei der zunehmenden ***Globalisierung*** der Wirtschaft (↗ S. 83) sind sie Knotenpunkte für die internationalen Geldströme.

In den Zentralen von multinationalen Unternehmen werden weltweit wirkende Entscheidungen über Produktionsstandorte getroffen.

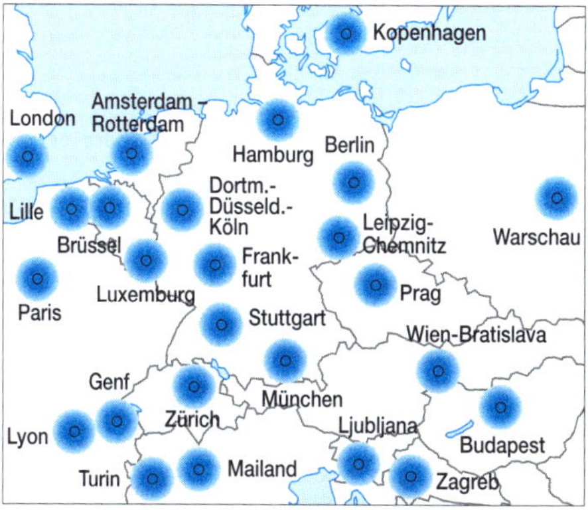

Europäische Metropolregionen mit Kernstädten

Berlin – Metropole mit mehreren Teilzentren

Nach dem Ende des Zweiten Weltkrieges 1945 wurde Berlin in vier Sektoren aufgeteilt. Die DDR machte nach ihrer Gründung 1949 aus dem sowjetischen Sektor die „Hauptstadt der DDR". Aus dem amerikanischen, britischen und französischen Sektor entstand Westberlin. Die Mauer (1961–1989) teilte die beiden Stadthälften endgültig. Zwei Zentren entstanden: in Westberlin um den Bahnhof Zoo und den Kurfürstendamm, in Ostberlin um den Alexanderplatz bis zum Schlossplatz. Nach der Wiedervereinigung 1990 wurde Berlin wieder Hauptstadt. Parlament und Regierung zogen von Bonn nach Berlin um. Einige Gebäude, z. B. der Reichstag, konnten nach Umbauten genutzt werden, andere, wie das Bundeskanzleramt und das Abgeordnetenhaus, wurden am Rand des Tiergartens im ***Regierungsviertel*** neu gebaut. Die ***City Ost*** setzt sich genau genommen aus mehreren Einzelzentren zusammen. Rund um die Friedrichstraße sind hochwertige Geschäfte, Passagen und Hotels entstanden. Der Schlossplatz mit dem ehemaligen „Palast der Republik" soll neu gestaltet werden, ebenso der Alexanderplatz. Nach der Wiedervereinigung verlor die ***City West*** als Einkaufs- und Unterhaltungszentrum zunächst an Bedeutung. Sie musste sich der Konkurrenz in der Friedrichstraße und am Potsdamer Platz stellen.

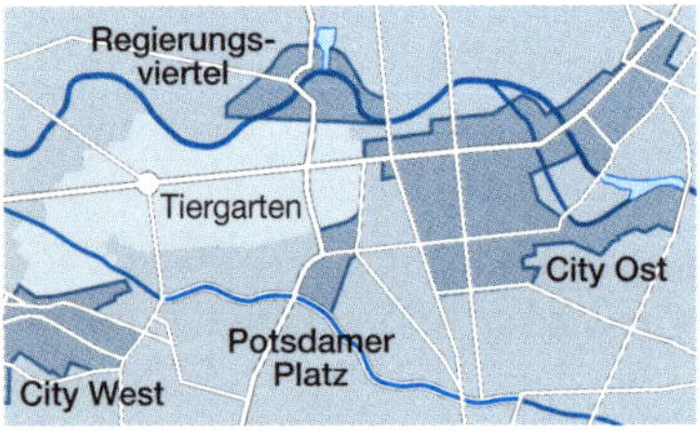

Berlin und seine Teilzentren

Der ***Potsdamer Platz*** war bis zum Fall der Mauer Ödland. Heute ist er das größte Dienstleistungszentrum Deutschlands mit Büros, Arkaden, Geschäften, Kinos, Restaurants, einem Musical-Theater und einer Spielbank.

Berlin war bis 1990 durch die Mauer in zwei Stadthälften geteilt und hatte zwei Cities. Die heutige Hauptstadt Deutschlands hat vier, noch nicht ganz zusammengewachsene Teilzentren.

Strukturwandel im Ruhrgebiet

Kohle und Stahl bestimmten über 150 Jahre das Bild des größten europäischen Industriereviers. Die „Kohlekrise“ begann 1960. Erdöl und Erdgas ersetzten die Steinkohle und zum Schmelzen des Eisenerzes wurde dank des technischen Fortschritts weniger Kohle verbraucht. Ab 1970 setzte die „Stahlkrise“ ein. Massenstahl aus Japan, Südkorea, Indien, Brasilien und Polen war billiger. Die Folge: Bergwerke und Hochöfen wurden stillgelegt. Die verbleibenden Betriebe rationalisierten und entließen ebenfalls Arbeitskräfte. Die Massenentlassungen bedeuteten das Ende der industriellen Monostruktur. Mit Kunststoff- und Computertechnik, neuen Hochschulen, Innovationszentren und Dienstleistungsunternehmen, vorwiegend im Handel, wurden die Weichen für die Zukunft gestellt.

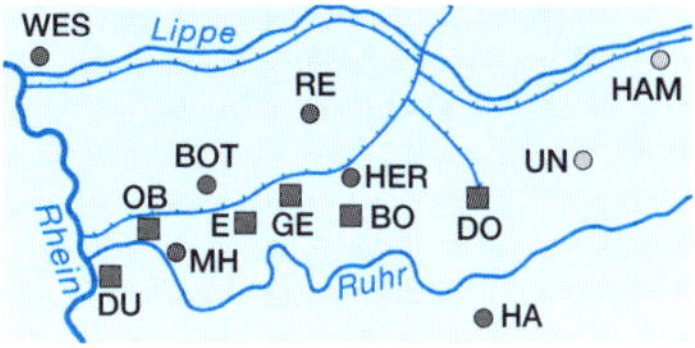

Ruhrgebiet mit Kfz-Kennzeichen

Umbruch in der Region Halle-Leipzig

Bis 1990 war die Region mit Braunkohlekraftwerken, Chemie- und Maschinenbaubetrieben das bedeutendste Industrierevier der DDR. Nach der Wende waren die Güter jedoch nicht konkurrenzfähig. Die Großbetriebe wurden aufgelöst. Allein in Leipzig sank die Zahl der Arbeitsplätze im produzierenden Gewerbe von 130 000 auf 12 000. Neuer Wachstumsmotor ist der Dienstleistungssektor, vor allem Banken und Versicherungen, Unternehmensberatungen und Handelsunternehmen. Weitere Impulse werden von der *Neuen Messe*, dem neuen Flughafen Leipzig/Halle und dem zu einem „Konsum- und Kommunikationstreff“ umgebauten Leipziger Hauptbahnhof erwartet.

Region Halle-Leipzig

Europäische Wirtschaftsgemeinschaft – Europäische Union

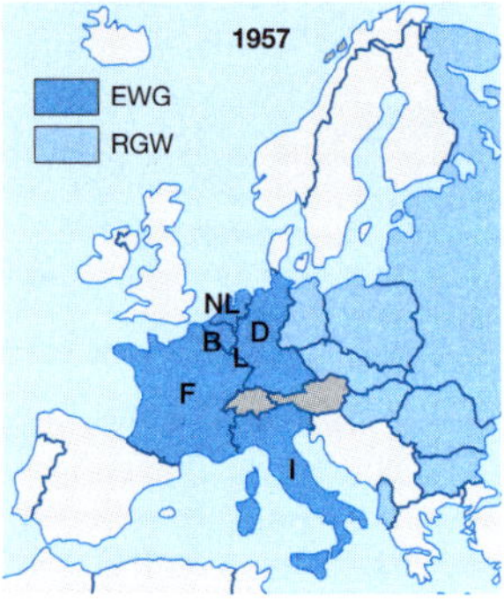

Europa 1957 nach Abschluss der „Römischen Verträge"

1957 unterzeichneten Belgien, die Bundesrepublik Deutschland, Frankreich, Italien, Luxemburg und die Niederlande in Rom einen Vertrag über die Schaffung eines „Gemeinsamen Marktes". Zu dieser Zeit war Deutschland geteilt, die Tschechoslowakei und Jugoslawien bestanden als eigenständige Staaten. Die Schweiz und Österreich verhielten sich neutral. Osteuropa war seit 1949 unter Führung der Sowjetunion zum ***Rat für Gegenseitige Wirtschaftshilfe (RGW)*** zusammengeschlossen. Er wurde 1991 nach dem Fall der Sowjetunion aufgelöst.

Bereits 1951, sechs Jahre nach Ende des Zweiten Weltkrieges, hatte es als Vorläufer der EWG einen Vertrag über die Gründung einer ***Europäischen Gemeinschaft für Kohle und Stahl (EKGS)*** gegeben. An die Stelle der EWG trat 1993 die ***Europäische Union (EU).*** Grenzkontrollen innerhalb der Mitgliedsstaaten fallen weg. Im Binnenmarkt gelten die „vier Freiheiten" für Waren-, Dienstleistungs-, Personen- und Kapitalverkehr. Eine gemeinsame Währung, der ***Euro,*** sollte ab 2002 die wirtschaftliche Einheit stärken. Aber nicht alle EU-Staaten traten gleich der Eurozone bei. Auch bei der Frage über Krieg oder Frieden – so im ehemaligen Jugoslawien oder im Irak – waren sich die EU-Staaten nicht einig. Trotzdem besitzt die EU wegen ihrer Wirtschaftskraft besonders für die osteuropäischen Staaten eine große Anziehungskraft (↗ Karte EU und Erweiterung der EU, S. 94).

Ab 2004 hat die EU 25 Mitgliedsstaaten mit 453 Mio. Einwohnern (= zwei Drittel der Gesamtbevölkerung Europas = USA + Japan). Ziel ist die wirtschaftliche und politische Einheit Europas.

Kernräume und Randgebiete in Europa

Ein breites Band, einer Banane ähnlich, zieht sich von Birmingham bis südlich von Mailand. Es ist der wirtschaftliche ***Kernraum*** Europas. Im Mittelmeerraum hat sich ein Gürtel mit Wachstumsindustrien gebildet, der europäische ***Sunbelt.*** An Kernraum und Sunbelt schließen sich vier Räume an, die in ihrer Entwicklung hinter der Kernregion zurückgeblieben sind. Wegen ihrer Randlage nennt man sie ***Peripherien.*** Die künftigen wirtschaftlichen Entwicklungen betreffen den Süden Spaniens und Italiens, vor allem aber die neuen EU-Länder im Osten Europas.

Unter dem Dach der EU wird aber kaum ein Bundesstaat wie in den USA entstehen. Vielmehr deutet alles auf ein ***Europa der Regionen*** hin, in denen die bisherige kulturelle und wirtschaftliche Eigenständigkeit erhalten bleiben soll.

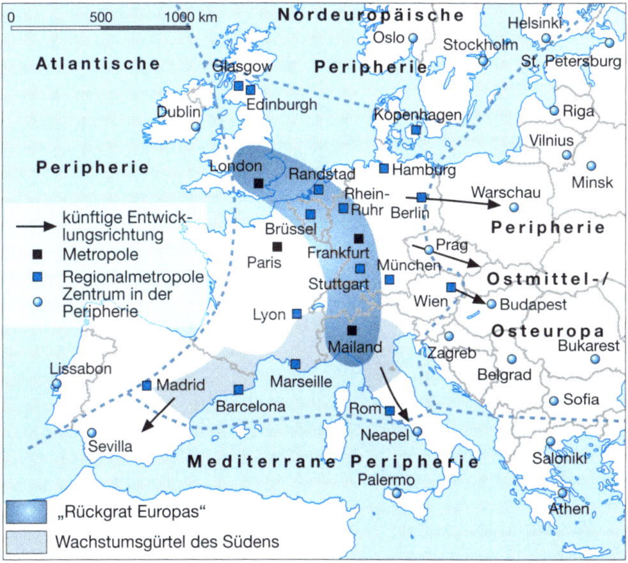

Zentren und Peripherien in Europa

15 Australien – reich an Rohstoffen

Wolle, Weizen und Fleisch

Auf extensiv genutzten Weideflächen grasen 117 Mio. Merinoschafe. Australien ist der größte Wollproduzent der Welt. Der Kontinent exportiert auch Weizen und Fleisch. Rinderfarmen mit 20 000 Tieren und einer Fläche von 25 000 km² sind keine Seltenheit. Ausreichend Niederschläge fallen nur im Norden, Osten und an der Südwestspitze. Das Landesinnere ist durch Dürre gefährdet. Die ***Überweidung*** – 1990 gab es noch 170 Mio. Schafe – führt zu Staubstürmen, Bodenerosion und Ausbreitung der Dornsavanne.

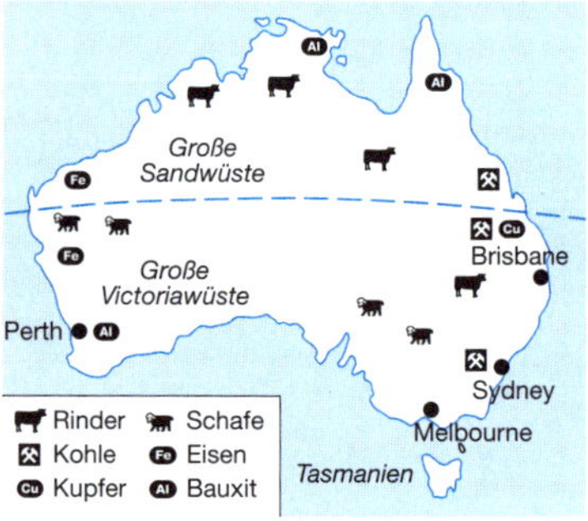

Hauptverbreitungsgebiete von Bodenschätzen und Viehhaltung

Kohle und Erze für den Weltmarkt

Rd. 45 % der Exporterlöse stammen aus dem Verkauf von Steinkohle, Eisenerz, Gold, Bauxit und Kupfer. Die Hauptfördergebiete für Steinkohle liegen im Osten, für Eisenerz im Westen. Die Förderung erfolgt z. T. im Tagebau. Wichtigste Abnehmer sind Japan und die USA.

An der Erschließung der Bodenschätze beteiligen sich australische, japanische, US-amerikanische, britische und deutsche Bergbaugesellschaften. Unklar ist, ob die 250 000 ***Aborigines***, die Ureinwohner, Rechte am Bergbau einklagen können. Ihr Land war von den weißen Einwanderern besetzt worden. Die Aborigines leben heute am Rand der Städte oder in Reservaten.

Australien ist der fünfte Kontinent. Im sechstgrößten Land der Welt mit 7,7 Mio. km² leben 19,9 Mio. Menschen. Unter den führenden Industrieländern ist es wichtigster Rohstoffexporteur.

16 Wanderungsbewegungen

Ausländer

Der Zuzug von Arbeitskräften aus ärmeren Regionen in die Industrieländer erreichte Ende des 20. Jhs. seinen Höhepunkt. Die Bundesrepublik Deutschland z. B. hatte bis 1973 ***Gastarbeiter*** aus Italien, Spanien, Portugal und später aus der Türkei angeworben. In der DDR arbeiteten „Vertragsarbeiter“ aus Vietnam, Mosambik und Kuba. In der ehemaligen Kolonialmacht Großbritannien leben viele Inder und Pakistani, in Frankreich Algerier, Marokkaner und Schwarzafrikaner.

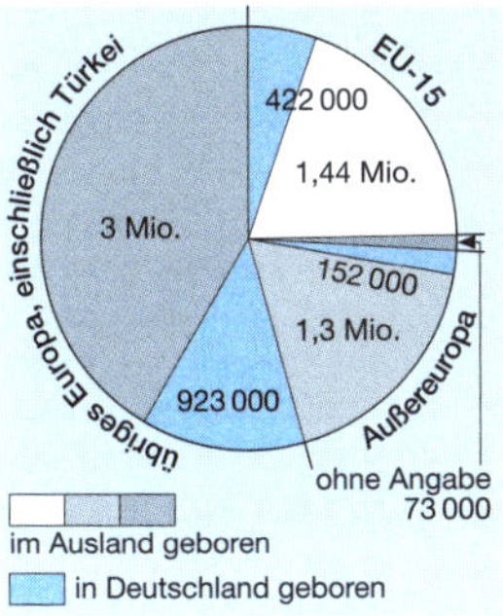

Ausländische Bevölkerung in Deutschland Ende 2002

Ein Ausländer ist eine Person, die eine andere Staatsangehörigkeit als die ihres Aufenthaltslandes besitzt.

Die ausländischen Arbeitskräfte holen ihre Familien nach. Ende 2002 waren 1,5 Mio. von insgesamt 7,3 Mio. Ausländern bereits in Deutschland geboren. Die ***Zuwanderung*** soll nach Meinung der Politiker auf gut ausgebildete und beruflich qualifizierte Menschen begrenzt werden.

Für Arbeit Suchende stellt eine staatliche Behörde Aufenthaltserlaubnis und Arbeitsbescheinigung aus. Bürger aus dem EWR (↗ S. 94) sind davon ausgenommen. Da die Zahl der ***Arbeitsmigranten*** (lat. *migrare* = wandern) höher ist als der Arbeitskräftebedarf, wandern viele Menschen illegal ein. Die EU will die Migration eindämmen.

Land	**absolut**	**% der Bevölkerung**
Luxemburg	165 000	37,5
Schweiz	1,4 Mio.	19,7
Österreich	737 000	9,1
Deutschland	7,3 Mio.	8,9
Belgien	905 000	8,8
Schweden	60 000	6,7
Frankreich	3,6 Mio.	6,1
Dänemark	262 000	4,9
Niederlande	672 000	4,2
Großbritannien	2,4 Mio.	4,0

Anteil von Ausländern 2002

Flüchtlinge

Flüchtlinge sind Personen, die aus Furcht vor Verfolgung wegen ihrer Rasse, Religion, Nationalität, Zugehörigkeit zu einer sozialen Gruppe oder politischen Meinung ihr Heimatland verlassen haben. [Genfer Flüchtlingskommission von 1951]

Menschen verlassen ihre Heimat aus wirtschaftlicher Not, weil Krieg oder Bürgerkrieg herrscht, vor Umwelt- und Naturkatastrophen oder weil man sie vertreibt. Solche Wanderungen sind nicht neu. Aus der Geschichte kennen wir die „Große Völkerwanderung“ um 350 n. Chr., die Vertreibung der Juden und Mauren aus Spanien 1492 oder die Auswanderung von Europäern in die USA im 19. Jahrhundert. Aber erst im 20. Jahrhundert stiegen die Flüchtlingszahlen auf Millionenhöhe. Dazu trugen nicht nur die beiden Weltkriege mit ihren ***Kriegsflüchtlingen*** bei. Seit Ende des Zweiten Weltkrieges brechen immer wieder gewaltsame Konflikte aus. Am stärksten betroffen sind der Nahe Osten und Afrika mit vielen ***Bürgerkriegsflüchtlingen.*** Ausländer werden oft als ***Wirtschaftsflüchtlinge*** bezeichnet, weil sie aus Not in einem anderen Land Arbeit suchen.

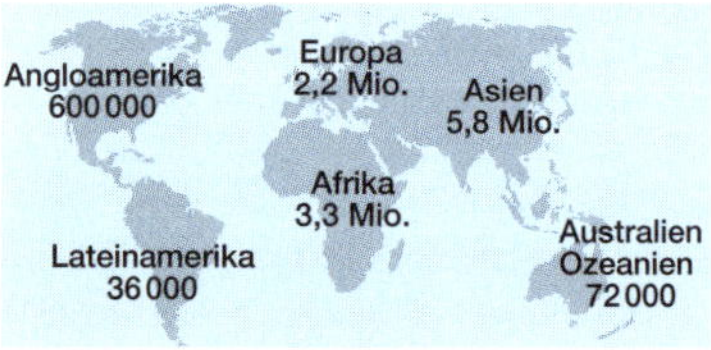

Flüchtlinge im Jahr 2002

Der Begriff *Armutsflüchtlinge* würde besser zutreffen. Am größten ist die Zahl der ***Umweltflüchtlinge*** mit 10 Mio. Menschen jährlich.

Die Wanderungsbewegungen werden durch Naturkatastrophen oder von Menschen verursacht. Beispiele sind die Überschwemmungen in Südostasien, die Desertifikation in Afrika oder unangepasste Anbaumethoden.

Aufnahmeland	Flüchtlinge
Iran	1,3 Mio.
Pakistan	1,3 Mio.
Deutschland	903 000
Tansania	689 000
USA	485 000
Serbien u. Monten.	354 000
DR Kongo	333 000
Sudan	328 000
China	297 000
Armenien	248 000

Aufnahmeländer 2002

Binnenflüchtlinge und Asylbewerber

Das Flüchtlingshilfswerk der Vereinten Nationen (UNHCR) kümmert sich auch um Menschen, die innerhalb eines Landes vor Aufständen, Krieg und Bürgerkrieg fliehen. Es versorgt sie mit Nahrungsmitteln, Trinkwasser, Medikamenten und Unterkünften. Die Zahl der ***Binnenflüchtlinge*** beläuft sich auf 5,3 Mio. Menschen, davon in Afghanistan 1,2 Mio., in Kolumbien 720 000, in Sri Lanka 563 000 und in Aserbaidschan 573 000. Weltweit warteten 2002 über 1 Mio. Menschen darauf, dass ihr Antrag auf Asyl bearbeitet wurde. Die meisten Asylbewerber kommen aus Ländern der Dritten Welt. Sie berufen sich darauf, dass sie in ihrem Heimatland politisch verfolgt würden.

Asylbewerber und Binnenflüchtlinge 2002

Asylbewerber sind Ausländer, die im Heimatland aus politischen, religiösen oder ethnischen Gründen verfolgt wurden und in einem anderen Land Schutz suchen.

Die meisten Asylanträge werden abgelehnt, in Deutschland rd. 95 %. Die Antragsteller werden aber nicht alle in ihre Heimatländer abgeschoben. Ein Teil von ihnen hat Anspruch auf das „kleine Asyl“ nach der Genfer Flüchtlingskommission. Die EU einigte sich darauf, dass Asylbewerber spätestens ein Jahr nach Antragstellung eine feste Arbeit aufnehmen dürfen.

Aufnahmeland	Hauptherkunftsländer	Asylanträge
GB	Afghanistan, Irak, Somalia, Sri Lanka, Ex-Jugoslawien	110 700
D	Irak, Türkei, Serbien u. Monten., Afghanistan, Russland	71 130
F	Türkei, DR Kongo, China, Mali, Algerien	50 800
A*	Afghanistan, Irak, Türkei, Indien, Serbien u. Montenegro	37 070
S	Irak, Serbien u. Montenegro, Bosnien-Herzegowina	33 020
B	Russland, Serbien u. Montenegro, Algerien, Kongo	18 810
NL	Angola, Afghanistan, Sierra Leone, Iran, Guinea	18 670

*Aufnahmeländer, Herkunftsländer, Asylanträge 2002 (*2001)*

Bekämpfung der Ursachen von Migration und Flucht

Die Gründe für den Wechsel von einzelnen Personen, Familien und ganzen Gruppen in eine andere Region oder ein anderes Land sind vielfältig. Auf der einen Seite stehen die ***Push-Faktoren*** (↗S. 44) Armut, Krieg oder Verfolgung. Auf der anderen Seite ziehen ***Pull-Faktoren*** wie die Aussicht auf ein besseres Leben, Freiheit und Sicherheit die Migranten und Flüchtlinge an. In der Dritten Welt ist die ***Landflucht*** ein ungelöstes Problem. Sie führt zu einem ungezügelten Wachstum der Städte.

Migration

Die reichen Industriestaaten begrenzen durch Quoten und Grenzüberwachung die Einwandererzahl. Lösungen müssen aber dort gefunden werden, wo die Probleme entstehen. Die Entwicklungsländer sind überfordert. Es liegt im Interesse der Industrieländer, den Migrationsdruck zu mindern:

- Arbeitsplätze in unterentwickelten Regionen schaffen. Es ist besser, in zurückgebliebene Gebiete Geld zu investieren. Andernfalls wandern noch mehr Menschen ab, weil sie für sich und ihre Familien keine Zukunft sehen.
- Länder mit hohem Bevölkerungswachstum bei der Geburtenkontrolle unterstützen. Durch geringere Geburtenraten kann der Teufelskreis der Armut (↗S. 19) durchbrochen werden.
- Bildung und Ausbildung fördern. In den Entwicklungsländern kann jeder 4. nicht lesen und schreiben. Oft haben die Kinder keine Möglichkeit, zur Schule zu gehen. Kinderarbeit auf dem Feld oder in Fabriken ist weit verbreitet. Kindersoldaten kämpfen in bewaffneten Konflikten, vor allem in Afrika und Asien. Ohne Grundkenntnisse in Rechnen, Lesen und Schreiben können die Kinder später kaum einen Beruf erlernen.
- Kriegerische Konflikte vermeiden. Viele Kriege und bewaffnete Konflikte finden in Ländern mit geringem Lebensstandard statt. Deshalb ist Armutsbekämpfung das oberste Ziel.

Welthandelsgüter

Waren aus aller Welt bei uns einzukaufen ist eine Selbstverständlichkeit. Dass Autos aus Deutschland oder Japan in fast alle Länder der Erde verkauft werden, ist auch bekannt. ***Welthandel*** bezeichnet den weltweiten Austausch von Gütern und Dienstleistungen.
Einige Agrarerzeugnisse können in unserer Klimazone nicht oder nur mit hohen Kosten produziert werden. Solche tropischen ***agrarischen Rohstoffe*** sind z. B. Kakao, Kaffee, Tee, aber auch cash crops wie Weizen, Soja und Baumwolle. Der Anteil der landwirtschaftlichen Güter am Welthandel ist rückläufig, ebenso wie bei den Bergbauprodukten Kohle, Erdöl und Erzen.

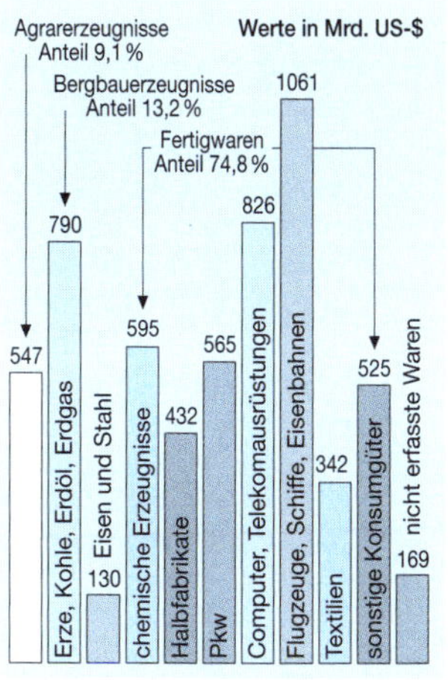

Welthandelsgüter 2001

Den Welthandel bestimmen ***industrielle Fertigwaren.*** Den höchsten Anteil haben Hightech-Produkte der Industriestaaten. Viele Entwicklungs- und Schwellenländer exportieren bereits technisch ausgereifte Industriegüter wie Haushaltsgeräte oder Bekleidung. Beim internationalen Handel werden die ***Dienstleistungen*** oft vergessen. Sie sind in jedem Produkt enthalten. Zu ihnen gehören u. a. alle Transportleistungen, die Tourismusbranche, die Nachrichtenübermittlung einschließlich Computern und Internet, Versicherungsleistungen und internationale Bankgeschäfte. Wertmäßig machen sie etwa ein Viertel des Warenhandels aus.

Welthandelsgüter sind in einem Land angebaute, im Bergbau geförderte oder in Fabriken hergestellte Erzeugnisse, von denen ein Teil in andere Länder verkauft wird.

Weltmarktpreise

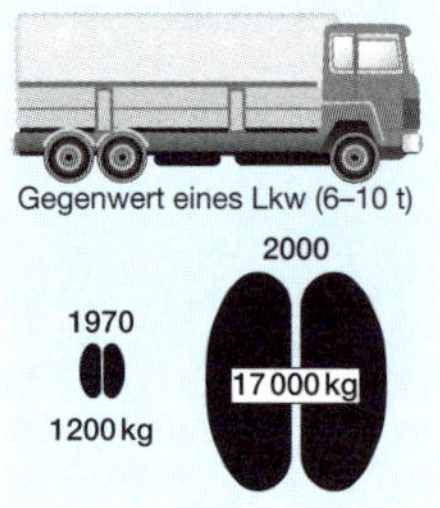

Wert von Kaffee

Welthandelsgüter werden an den Rohstoffbörsen ge- und verkauft. Die Börse ist ein Ort, an dem sich Händler und Makler treffen. Der Weizenpreis z. B. wird an der Warenbörse in Chicago festgesetzt, der Rohkaffeepreis in London. Beim Weltmarktpreis für Kaffee zeigt sich ein Preisverfall. Grund ist ein Überangebot auf dem Weltmarkt. Für die Kaffee exportierenden Länder bedeutet das geringere Exporterlöse. Wenn der Kaffeepreis sinkt und die Preise für importierte Industriegüter gleich hoch bleiben, verschlechtern sich die ***Terms of Trade*** für die Kaffeeproduzenten (englisch *terms* = Bedingungen, *trade* = Handel). Die Austauschbedingungen sind der Quotient aus Exportpreisen durch Importpreise. Für Länder, die Industriegüter exportieren und Rohstoffe importieren, steigen die Terms of Trade. Wie das Beispiel Kaffee zeigt, müssen Rohstoff exportierende Länder bei sinkenden Preisen mehr auf dem Weltmarkt anbieten, um die gleichen Exporterlöse zu erhalten. Ein höheres Angebot bei gleicher oder sinkender Nachfrage drückt aber den Weltmarktpreis. Der Zusammenschluss von Rohstoff exportierenden Ländern wie die *OPEC* (↗ S. 97) oder die *Internationale Kakao-Organisation* soll die Preise stabil halten. Die Kaffeeproduzenten waren nicht erfolgreich.

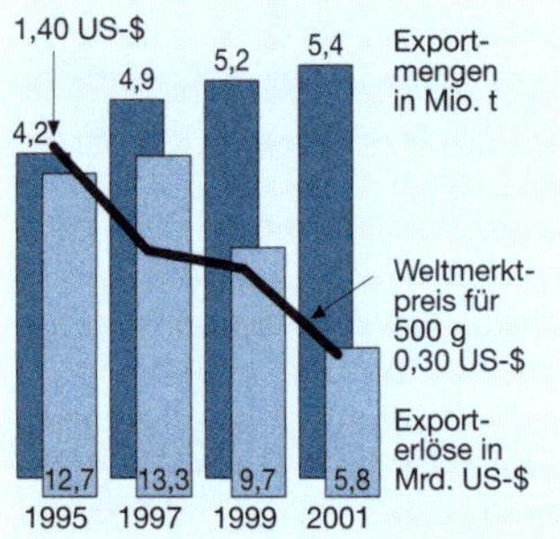

Handelsgut Kaffee, Sorte Robusta

Der Weltmarktpreis entsteht durch Angebot und Nachfrage an den Warenbörsen. Er zeigt den Preis für die Güter an (vor allem Rohstoffe), die international gehandelt werden.

Welthandelsländer

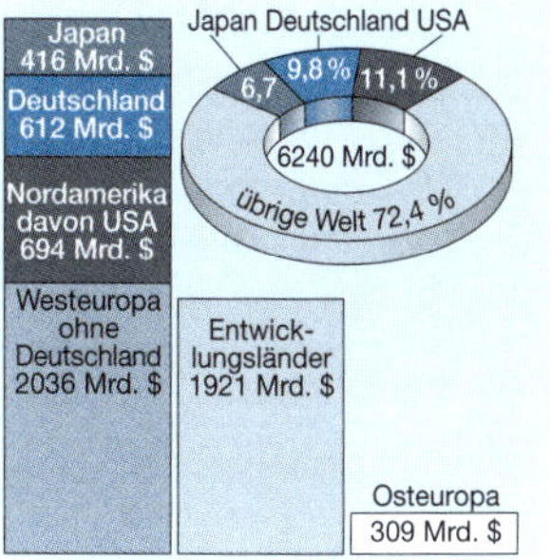

Weltexporte 2002, Mrd. US-$ und %

Die drei größten Wirtschaftsregionen sind Nordamerika, Europa und Ostasien. Man spricht auch von einer ***Triade*** (griechisch *triados* = Dreiheit). Die USA, Deutschland und Japan sind die drei führenden Welthandelsländer. Der Welthandel hat durch die ***Globalisierung*** zugenommen. Ursachen sind der Wegfall von Grenzen und Handelsschranken, leistungsfähigere Transportmittel sowie verbesserte Telekommunikation und Computertechnik. Arbeitsplätze wurden von Hochlohn- in Niedriglohnländer verlegt. Nicht alle Entwicklungsländer profitieren von der Globalisierung. Die Weltbank schätzt, dass sich für rd. 2 Mio. Menschen in Afrika, im Nahen Osten und in der GUS nichts geändert hat. Globalisierungsgegner befürchten durch den freien Welthandel sogar mehr Kinderarbeit und Armut in den Entwicklungsländern.

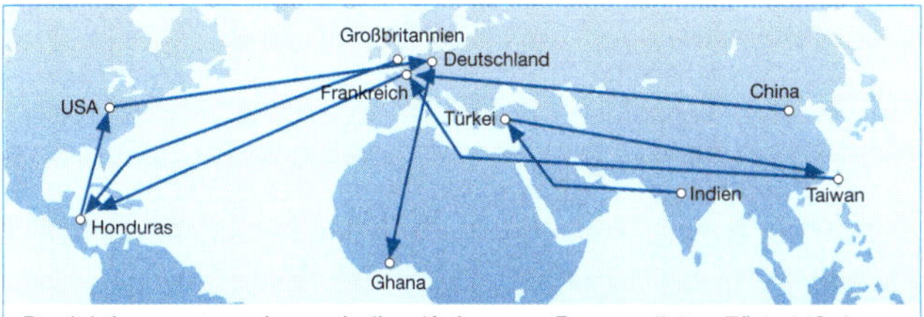

Produktionsweg von Jeans: Indien (Anbau von Baumwolle) → Türkei (Spinnen zu Garn) → Taiwan (Weben zu Stoff) → Frankreich (Färben mit Farbstoffen aus China) → Honduras (Nähen; Knöpfe, Reißverschluss aus Großbritannien) → Auftrag aus den USA (Jeans für Deutschland) → Firma aus den Niederlanden (holt abgetragene Jeans) → Ghana (Altkleidermarkt)

Globalisierung bedeutet weltweite Verflechtung von wirtschaftlichen, politischen und sozialen Beziehungen. Hauptbeteiligte sind multinationale Unternehmen und einzelne Nationalstaaten.

Weltverkehr

Durch die Globalisierung hat der internationale Personen- und Güterverkehr stark zugenommen. Online-shopping und ***E-Commerce,*** d. h. der elektronische Handel im Internet, bringen höhere Umsätze und beschleunigen den Güteraustausch. ***Massengüter*** wie Erdöl, Eisenerz, Kohle und Getreide werden nach wie vor mit Öltankern bzw. Massengut- und Erzfrachtern befördert. Eisenbahn und Pipelines spielen mengenmäßig eine untergeordnete Rolle. Im ***Seegüterverkehr*** stehen die Containertransporte an erster Stelle. Containerschiffe laden bis zu 7000 Container. 15 Mio. Container sind im Welthandel im Einsatz. Hauptsächlich werden Industriegüter transportiert, in Kühlcontainern aber auch Kühl- und Tiefkühlkost, z. B. Bananen aus Guatemala oder Meeresfrüchte aus Chile. Verteuern die Transportkosten ein Produkt nicht zu sehr oder kommt es auf Schnelligkeit an, verschicken die Firmen ihre Waren als Luftfracht. Das sind mehr als 25 Mio. t im Jahr. Der größte Zuwachs wird in den kommenden Jahren auf der transpazifischen Route erwartet, doppelt so viel wie auf der nordatlantischen Strecke. Im Flughafen Frankfurt, der mit seinem Frachtaufkommen an erster Stelle in Europa steht, werden die Hälfte aller Güter in Passagiermaschinen als Beiladung mitgenommen. Die andere Hälfte fliegt in reinen Frachtflugzeugen.

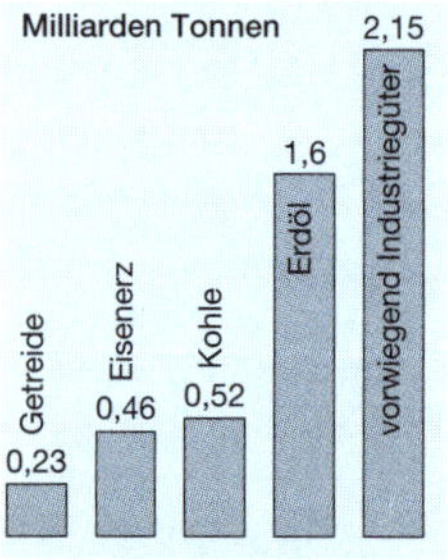

Wichtige Güter im Welt-Güterverkehr 2000

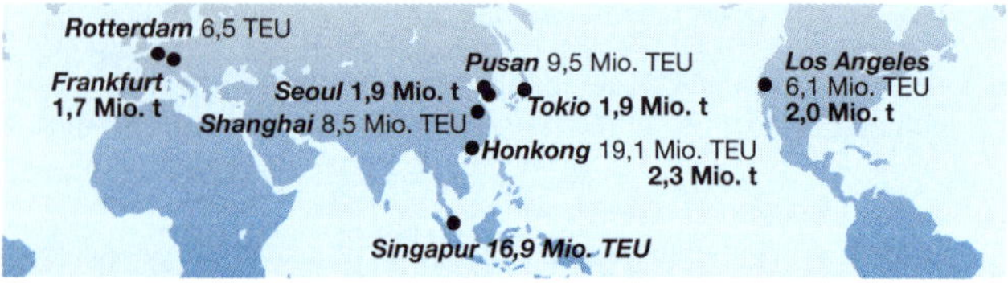

Luftfracht (fett) und Containerumschlag (mager) in den größten Häfen und Flughäfen 2002 (TEU = Standardcontainer ↗ S. 125)

Weltbevölkerung

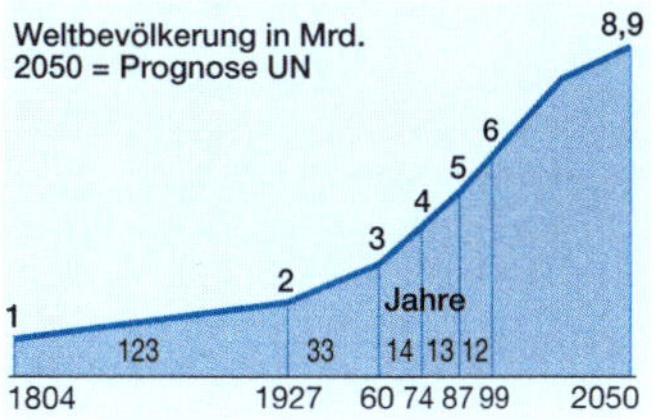

Im Jahr 0 unserer Zeitrechnung, d. h. zu Christi Geburt, lebten nur 250 Mio. Menschen auf der Erde. 1804 n. Chr. war die erste Milliarde erreicht, 1927 die zweite Milliarde, 1960 die dritte. Die ***Verdopplungszeit*** bis zur sechsten Milliarde dauerte nur 39 Jahre (1960 bis 1999). Die UN sagten 1994 für 2050 noch ein Ansteigen der Weltbevölkerung auf 9,9 Mrd. Menschen voraus. 2003, bei mehr als 6,3 Mrd., ging man bis 2050 von „nur" noch 8,9 Mrd. aus. Grund ist der Rückgang der durchschnittlichen Kinderzahl pro Frau von 5 (1950) auf 2,1 (2050).

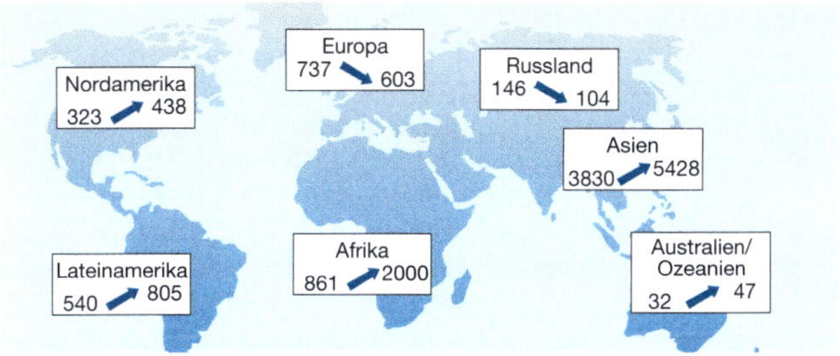

Weltbevölkerung (Mio.) nach Regionen 2003 und Prognose 2050

In den Industriestaaten wird die Bevölkerung nur noch wenig wachsen oder sich sogar verringern. In den am wenigsten entwickelten Ländern (LDCs ↗ S. 102) wird sich die Bevölkerung von 700 Mio. jedoch bis 2050 fast verdreifachen.

Die Wachstumsrate der Weltbevölkerung ergibt sich aus der Differenz von Geburten und Sterbefällen. 1960-1965 erreichte sie mit durchschnittlich 1,98% pro Jahr den höchsten Stand.

Tragfähigkeit der Erde

Einwohner in Mio. Megastädte	2000	2015
Tokio	26,4	26,4
Mumbai	18,1	26,1
Mexiko-Stadt	18,1	19,2
São Paulo	17,8	20,4
Jakarta	11,0	17,3

Die Auswirkungen der ***Bevölkerungsexplosion*** sind nicht mehr zu übersehen. Die ***Überbevölkerung*** in vielen Regionen zeigt sich am deutlichsten an der Zahl der Megastädte, d. h. Ballungsräumen mit mehr als 10 Mio. Einwohnern. Sie stieg von 5 (1975) auf 19 (2003). Die Nahrungsmittelerzeugung ist zwar in den letzten Jahren stärker gestiegen als die Weltbevölkerung, aber die landwirtschaftliche Nutzfläche pro Kopf geht zurück. Als Untergrenze für eine ausreichende Nahrungsversorgung werden 0,07 ha/Kopf (= 700 m^2) Ackerland angesehen. Japan, Singapur, die Schweiz, die Niederlande, Ägypten und Südkorea unterschreiten bereits diesen Wert. 2025 werden auch Bangladesch, China, Pakistan und einige Staaten Ost- und Westafrikas unter ***Landknappheit*** leiden. Die ***Wasserversorgung*** der Weltbevölkerung ist ebenfalls nicht gesichert. Schon heute haben 1 Mrd. Menschen keinen Zugang zu sauberem Trinkwasser. Wasserknappheit macht sich am stärksten im Nahen Osten und in Nordafrika bemerkbar und wird auf die Länder südlich der Sahara übergreifen. ***Rohstoffe*** sind bald erschöpft, auch wenn gegenwärtig noch ein Überangebot auf dem Weltmarkt herrscht.
Bei gleich bleibendem Verbrauch reicht z. B. Steinkohle noch 200, Erdöl aber nur 45 Jahre. Den größten Rohstoffverbrauch leisten sich die Industrieländer. Beispiel Energie: Die Länder mit dem höchsten Einkommen machen 15 % der Weltbevölkerung aus, verbrauchen aber mehr als die Hälfte der Weltenergie. Spitzenreiter sind die USA. Pro Kopf verbraucht ein US-Amerikaner 16-mal so viel Energie wie ein Inder. Eine Familie in einem armen Entwicklungsland müsste 50 Kinder haben, um so viele Rohstoffe zu verbrauchen wie eine Zwei-Kind-Familie in einem Industrieland.

Unter Tragfähigkeit versteht man die Zahl der Menschen, die sich von der landwirtschaftlichen Produktion der Erde ernähren können, ohne dass der Naturhaushalt nachteilig beeinflusst wird.

Umweltschäden

Fabriken, Kraftwerke und Verkehr sind in den Ballungsräumen Ursachen für die ***Luftverschmutzung.*** Erscheinungen wie ***Smog*** (englisch *smoke* = Rauch + *fog* = Nebel) und ***saurer Regen*** (Umwandlung von Schwefeldioxid und Stickstoffoxiden in der Atmosphäre zu Schwefelsäure und Salpetersäure) treten regelmäßig auf. Klimaforscher befürchten eine weitere Erwärmung der Erde durch ***Treibhausgase*** wie Kohlendioxid (CO_2) und Methangas aus den Reisfeldern. Die ***Entwaldung*** geht weiter. Allein von 1990 bis 2000 verringerte sich die globale Waldfläche um rd. 940 000 Mio. km² (= Fläche Deutschland + Frankreich + Schweiz). Die Auswirkungen auf das Klima sind noch nicht abzusehen. Durch ***Wind-*** und ***Wassererosion*** gehen jährlich rd. 75 Mrd. t Boden verloren. Ursachen der ***Desertifikation*** sind vor allem Entwaldung, Überweidung und nicht angepasster Ackerbau. Rd. 40 % der Erde sind durch Wüstenbildung gefährdet.

Nachhaltigkeit ist ein aus der Land- und Forstwirtschaft stammender Begriff. Allgemein ist eine Wirtschaftsweise gemeint, die die Sicherung der Natur und Rohstoffe für die Nachwelt verlangt.

Die Staaten der Erde haben sich für ***nachhaltige Entwicklung*** und gemeinsame Lösung der Umweltprobleme entschlossen. Auch die Armutsbekämpfung zählen sie zu ihren Aufgaben.

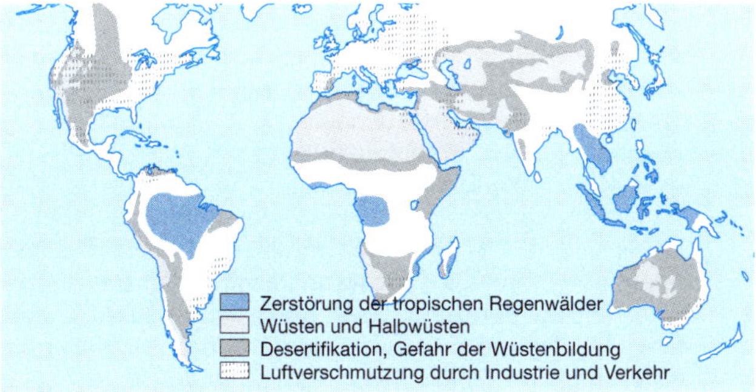

Gefährdete Umwelt – in der Regel vom Menschen verursacht

Ökosystem Weltmeer

Die Nahrungskette im Meer reicht von pflanzlichen und tierischen Kleinstwesen (Plankton) über Quallen, Garnelen und Krebse bis zu den Fischen. 2001 fingen die Fischereiflotten 83,7 Mio. t. Wegen ***Überfischung*** gehen die Fangmengen zurück. Betroffen sind davon rd. 10 Mio. Kleinfischer in den Küstenregionen, die gegen die Fabrikfangschiffe nicht bestehen können. In die Meere werden immer noch Haus- und Industriemüll eingeleitet. Die ***Meeresverschmutzung*** durch Wasch- und Reinigungsmittel, aber auch Düngemittel, die über die Flüsse ins Meer gespült werden, führen zu einem Überangebot an Nährstoffen. Durch ***Eutrophierung*** (griechisch *eutroph* = nährstoffreich) vermehren sich Algen explosionsartig. Bakterien zersetzen die abgestorbenen Algen und verbrauchen dabei Sauerstoff, der anderen Meerestieren fehlt. Öl, Kriegsmunition und abgewrackte oder gesunkene Atom-U-Boote stellen eine dauernde Gefahr dar. Bei Ölunfällen sind das Wattenmeer und die Mangrovenküsten besonders gefährdet. Zuerst sterben die Lebewesen der unteren Stufen in der Nahrungskette in der „Kinderstube der Fische“ ab.

Ein Ökosystem ist eine Lebensgemeinschaft von Pflanzen, Tieren, Bakterien und Pilzen in einem bestimmten Lebensraum. Es hat die Fähigkeit, sich selbst zu regulieren.

Durch den Treibhauseffekt schmelzen Gletscher und Meereis ab. Das führt zu einem ***Anstieg des Meeresspiegels.*** Die Inseln der Südsee, einige nur einen Meter über dem Meeresspiegel, aber auch Bangladesch und Küstenstädte sind in Gefahr.
Die ***Erwärmung*** der Meere und der CO_2-Ausstoß haben weitreichende Folgen. Kohlendoxid wird vom Wasser aufgenommen. Kaltes Wasser speichert mehr CO_2 als warmes Wasser. Im Nordpolarmeer und im Wedellmeer nordwestlich der Antarktis sinkt kaltes Oberflächenwasser ab. Diese Tiefenströmung durchzieht alle Ozeane und benötigt Jahrzehnte, wenn nicht Jahrhunderte, um wieder aufzusteigen. Das CO_2 könnte in Ablagerungen eingeschlossen bleiben. Dann wäre das Meer eine ***CO_2-Senke.*** Bliebe das CO_2 im Wasser und gelangte wieder in die Luft, verstärkte es den Treibhauseffekt.

Räumliche Orientierung

1 Deutschland – Bundesländer, Landeshauptstädte

Fläche:
357 022 km^2

Bevölkerung
82,6 Mio. (2003)

Einwohnerdichte:
231 E/km^2

Größtes Bundesland (Fläche):
Bayern
70 547 km^2

Größtes Bundesland (Bevölkerung):
Nordrhein-Westfalen
18 Mio.

Landeshauptstädte: a) Kiel, b) Schwerin, c) Hamburg (Stadtstaat), d) Bremen (Stadtstaat), e) Hannover, f) Berlin (Stadtstaat), g) Potsdam, h) Magdeburg, i) Dresden, j) Erfurt, k) Düsseldorf, l) Wiesbaden, m) Mainz, n) Saarbrücken, o) Stuttgart, p) München

Die 10 größten Städte (Einwohner): 1. Berlin 3,4 Mio., 2. Hamburg 1,7 Mio., 3. München 1,2 Mio., 4. Köln 968 000, 5. Frankfurt/Main 650 000, 6. Essen 595 000, 7. Dortmund 589 000, 8. Stuttgart 587 000, 9. Düsseldorf 570 000, 10. Bremen 541 000.

2 Europa – Staaten, Autokennzeichen, Teilräume

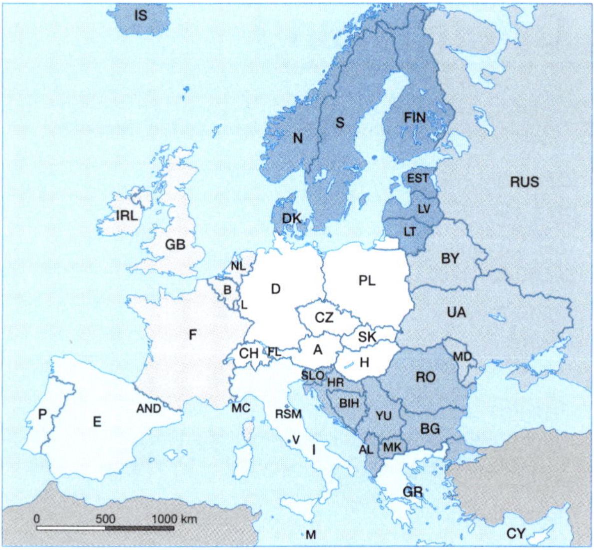

Nordeuropa: DK Dänemark, S Schweden, N Norwegen, IS Island, FIN Finnland, EST Estland, LV Lettland, LT Litauen
Westeuropa: GB Großbritannien, IRL Irland, NL Niederlande, F Frankreich, B Belgien, L Luxemburg
Mitteleuropa: D Deutschland, A Österreich, CH Schweiz, FL Liechtenstein, PL Polen, CZ Tschechische Republik, SK Slowakei, H Ungarn
Osteuropa: RUS Russland (europäischer Teil), BY Weißrussland, UA Ukraine, MD Moldau
Südosteuropa: SLO Slowenien, HR Kroatien, BIH Bosnien-Herzegowina, YU Serbien und Montenegro, AL Albanien, MK Mazedonien, RO Rumänien, BG Bulgarien
Südeuropa: P Portugal, E Spanien, AND Andorra, MC Monaco, I Italien, M Malta, V Vatikanstadt, RSM Republik San Marino, GR Griechenland, CY Zypern

3 Klimazonen in Europa

Subpolar: (Tundrenzone) Island, an die Barentssee angrenzende Gebiete, kurze kühle Sommer, lange, harte Winter
Kaltgemäßigt: Skandinavische Halbinsel, Finnland, nordwestliches Russland; kurze Sommer, lange, kalte Winter
Kühlgemäßigt: a) Seeklima: Irland, Britische Inseln, W-Frankreich, NO-Spanien; kühle Sommer, milde Winter, ganzjährig Niederschläge; b) Übergangsklima: südwestl. Nordeuropa, westl. Mitteleuropa, SO-Europa ohne Küsten; Sommer im NW kühl, im SO heiß-trocken, Winter im NW kühl-feucht, im S und O kalt; c) Landklima: Polen, Baltische Staaten, Osteuropa, nördliches Bulgarien; heiße Sommer, sehr kalte Winter; S-Ukraine/Russland; sommerheiß (Steppenklima)
Subtropisch: (Mittelmeerklima) Iberische Halbinsel, frz. Mittelmeerküste, Italien, Adriaküste, Griechenland; Sommer trocken-heiß, Winter mild, regenreich

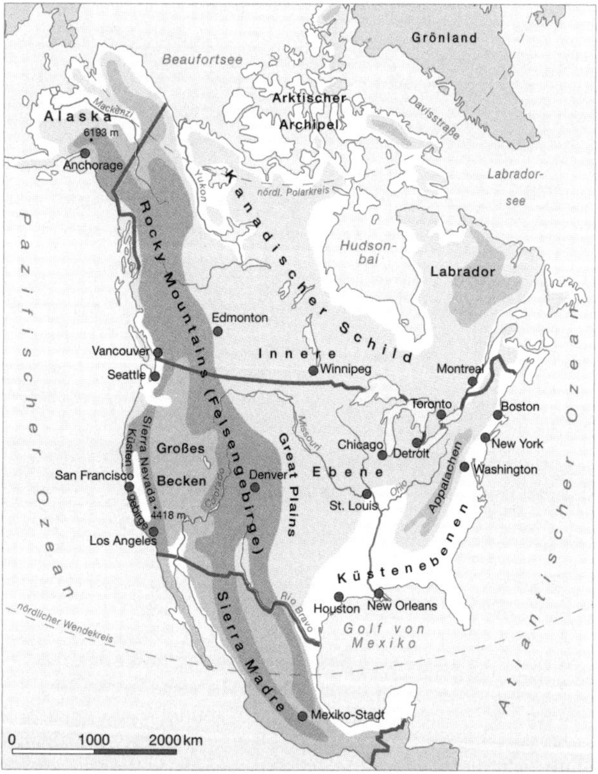

Fläche (ohne Grönland): rd. 22 Mio. km², davon Kanada 9,96 Mio. km², USA 9,62 Mio. km², Mexiko 1,95 Mio. km²
Rocky Mountains: Hauptkette der Kordilleren (= Schnur/Kette)
Große Seen: Fläche 245 205 km² (Ostsee: 373 000 km²)
Mississippi: 3766 km, ***Missouri:*** 3726 km (Rhein 1320 km)
Sankt-Lorenz-Seeweg: 3755 km (Nord-Ostseekanal 98,7 km)
Great Plains: Hochebenen 5000 km lang, 500–1200 km breit

5 Japanische Inseln und pazifischer Raum

6 Wirtschaftspolitische Zusammenschlüsse: EU, EFTA

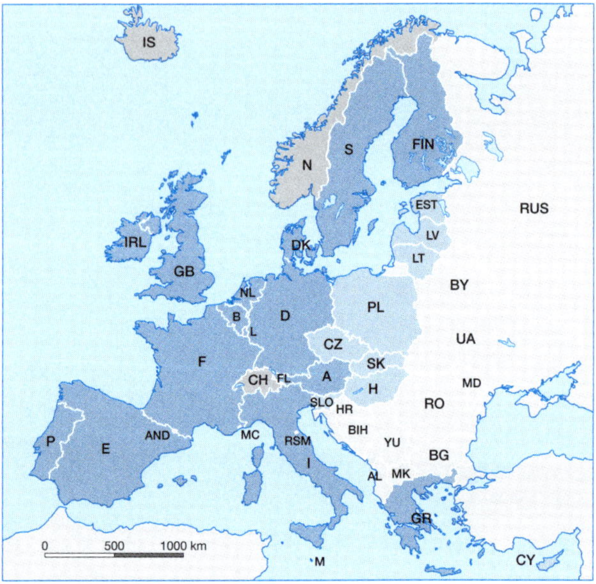

EU = Europäische Union; 15 Staaten (2003), 375 Mio. Einw.
1. B Belgien, 2. DK Dänemark, 3. D Deutschland, 4. FIN Finnland, 5. F Frankreich, 6. GR Griechenland, 7. GB Großbritannien und Nordirland, 8. IRL Irland, 9. I Italien, 10. L Luxemburg, 11. NL Niederlande, 12. A Österreich, 13. P Portugal, 14. Schweden, 15. Spanien
10 Beitrittsländer ab 2004: EST Estland, LV Lettland, LT Litauen, M Malta, PL Polen, SK Slowakische Republik, SLO Slowenien, CZ Tschechische Republik, H Ungarn, CY Zypern;
2 weitere Beitrittsländer ab 2007: BG Bulgarien, RO Rumänien
EFTA = European Free Trade Association Europäische Freihandelsassoziation; 4 Mitglieder: IS Island, N Norwegen, CH Schweiz, FL Liechtenstein
EWR = Europäischer Wirtschaftsraum: EU + EFTA (ohne CH)

7 NAFTA, Mercosur, Andengemeinschaft

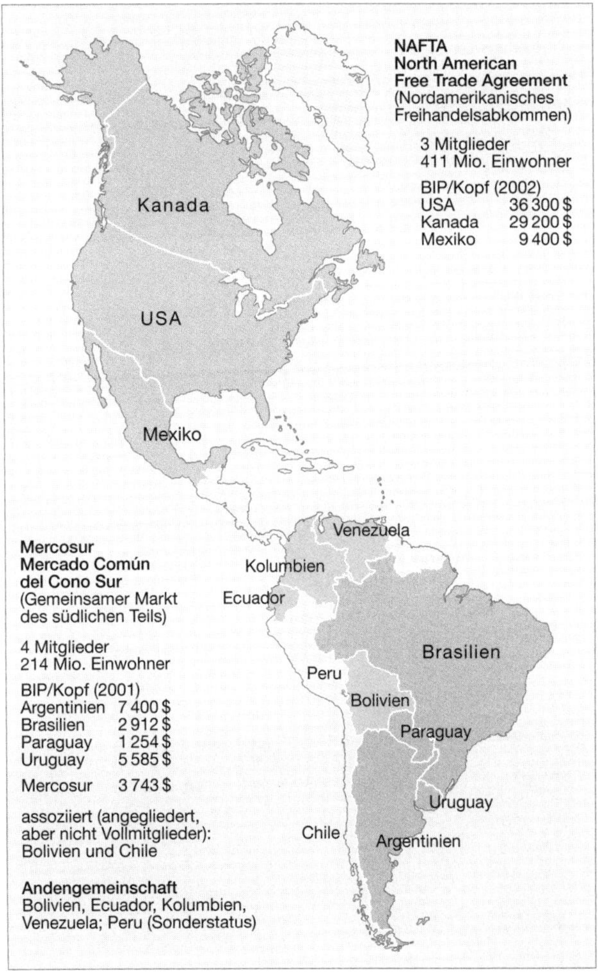

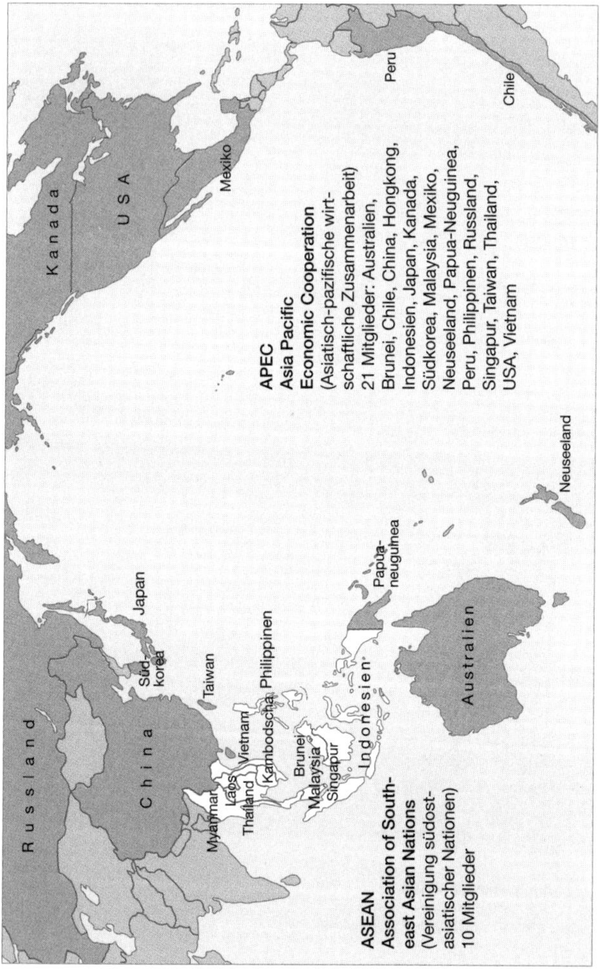
Russland
China
Kanada
USA
Mexiko
Peru
Chile
Japan
Süd-
korea
Taiwan
Philippinen
Vietnam
Laos
Myanmar
Thailand
Kambodscha
Brunei
Malaysia
Singapur
Indonesien
Papua-
neuguinea
Australien
Neuseeland
APEC
Asia Pacific
Economic Cooperation
(Asiatisch-pazifische wirt-
schaftliche Zusammenarbeit)
21 Mitglieder: Australien,
Brunei, Chile, China, Hongkong,
Indonesien, Japan, Kanada,
Südkorea, Malaysia, Mexiko,
Neuseeland, Papua-Neuguinea,
Peru, Philippinen, Russland,
Singapur, Taiwan, Thailand,
USA, Vietnam
ASEAN
Association of South-
east Asian Nations
(Vereinigung südost-
asiatischer Nationen)
10 Mitglieder

9 OPEC

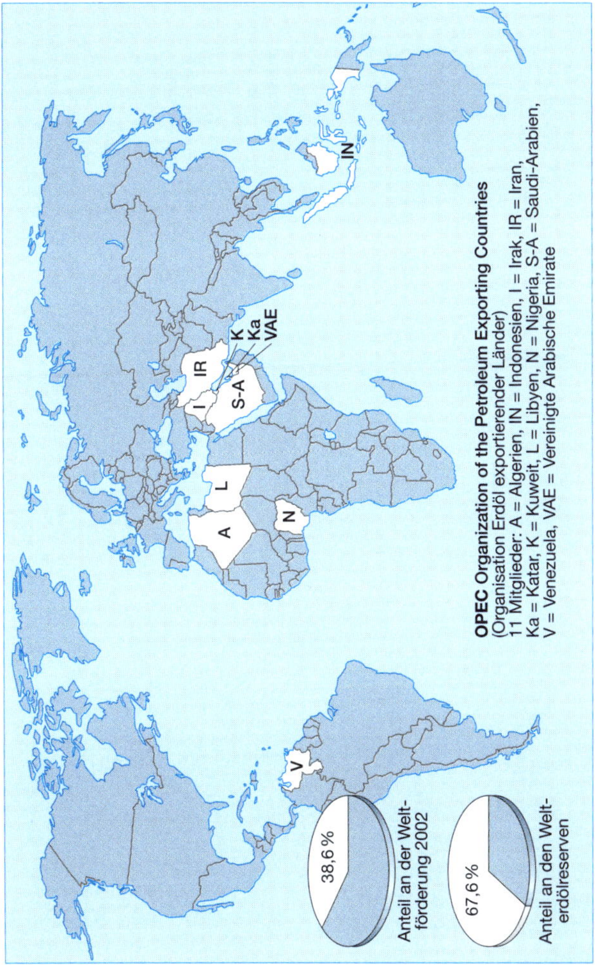
IN
K
Ka
VAE
IR
I
S-A
L
A
N
V
OPEC Organization of the Petroleum Exporting Countries
(Organisation Erdöl exportierender Länder)
11 Mitglieder: A = Algerien, IN = Indonesien, I = Irak, IR = Iran,
Ka = Katar, K = Kuweit, L = Libyen, N = Nigeria, S-A = Saudi-Arabien,
V = Venezuela, VAE = Vereinigte Arabische Emirate
38,6 %
Anteil an der Welt-förderung 2002
67,6 %
Anteil an den Welt-erdölreserven

10 Europa – große Industrieregionen/Finanzzentren

11 AKP-Staaten

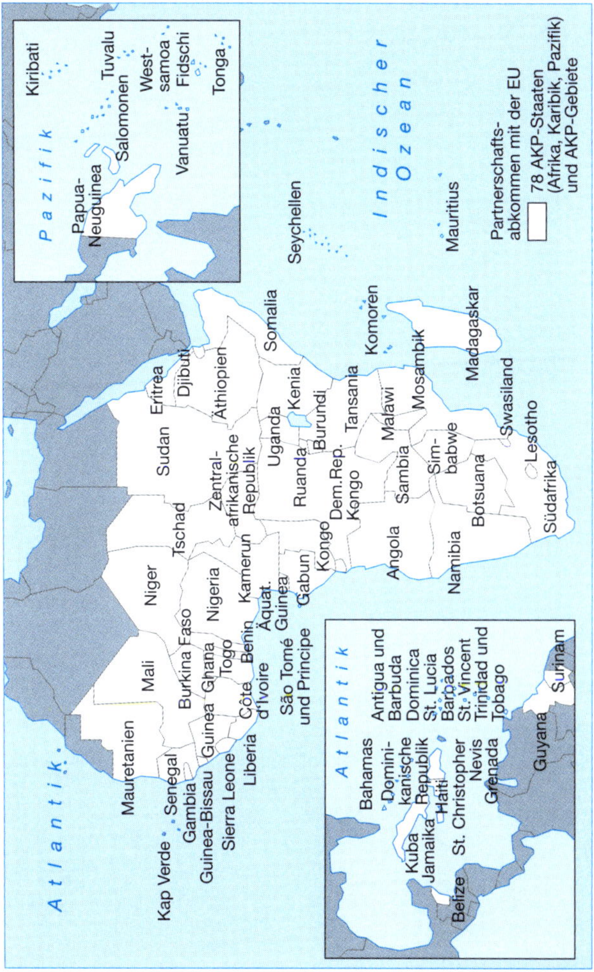

12 Gemeinschaft Unabhängiger Staaten (GUS)

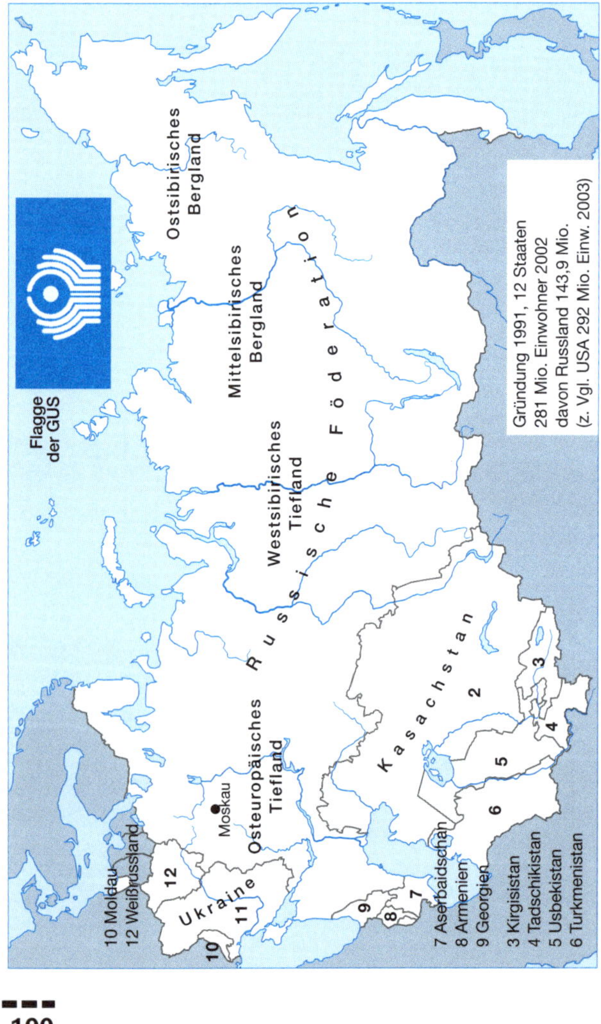

13 Welthandelswege

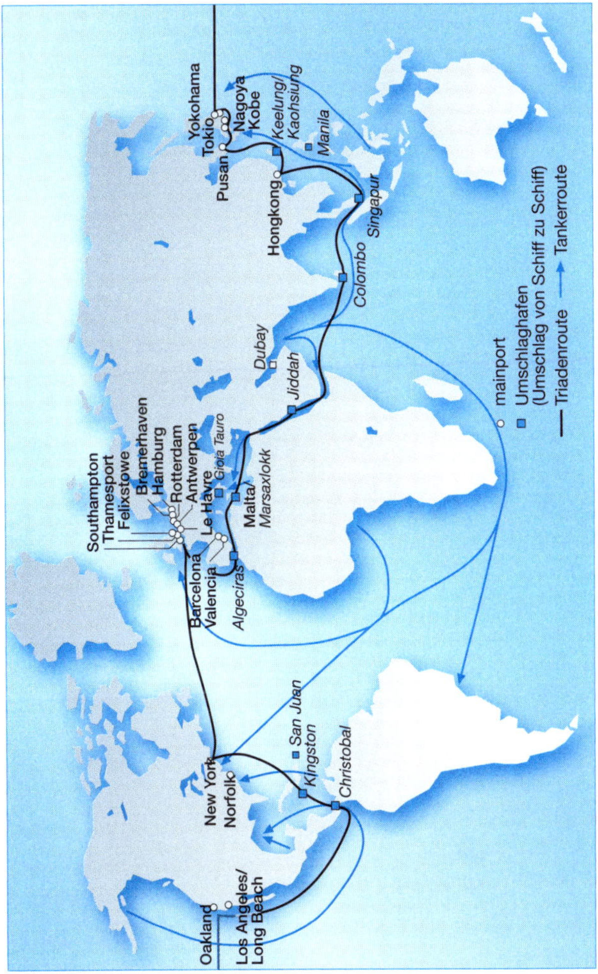

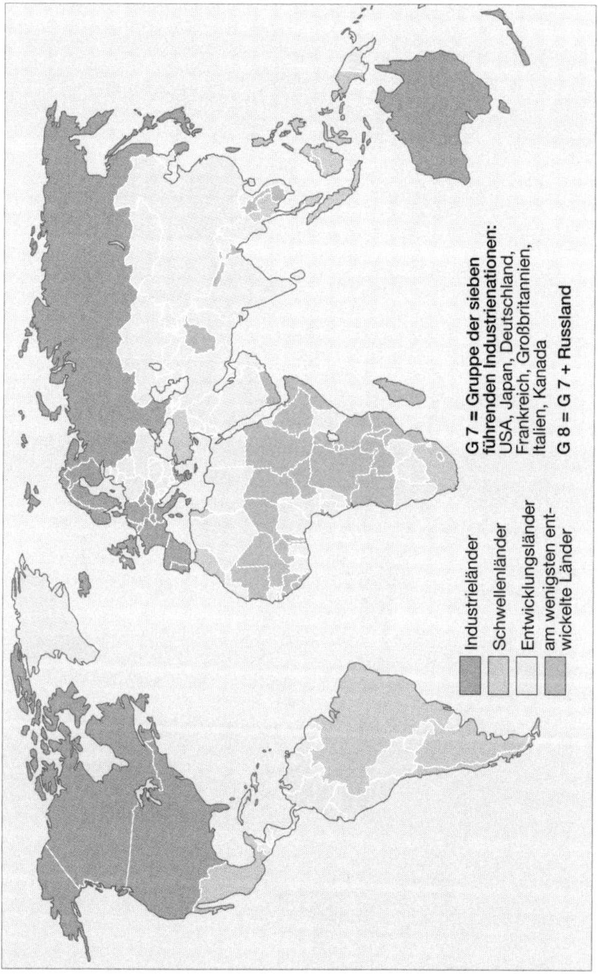
Industrieländer
Schwellenländer
Entwicklungsländer
am wenigsten entwickelte Länder
G 7 = Gruppe der sieben führenden Industrienationen: USA, Japan, Deutschland, Frankreich, Großbritannien, Italien, Kanada
G 8 = G 7 + Russland

Industrieländer [29] advanced economies; fortgeschrittene Volkswirtschaften nach Definition des Internationalen Währungsfonds (IWF)
Australien, Belgien, Dänemark, Deutschland, Finnland, Griechenland, Großbritannien, Irland, Island, Israel, Italien, Japan, Kanada, Luxemburg, Neuseeland, Niederlande, Norwegen, Österreich, Portugal, Schweden, Schweiz, Spanien, USA, Zypern
Untergruppe: ***NIEs = Newly Industrialized Asian Economies:*** Südkorea, Singapur, Taiwan (Republik China), Hongkong (Sonderverwaltungszone der VR China)

Schwellenländer (fortgeschrittene Entwicklungsländer): Argentinien, Brasilien, Chile, Indonesien, Malaysia, Marokko, Mexiko, Philippinen, Südafrika, Thailand, Tunesien, Türkei

Transformationsländer [28] Reformländer, die von Plan- auf Marktwirtschaft umstellen; Einordnungen zum Teil fließend (Russland z. B. auch Industrieland): Russland, Länder Mittel- und Osteuropas, Mongolei, Kaukasus- und zentralasiatische Staaten der ehemaligen Sowjetunion (Armenien, Aserbaidschan, Georgien, Kasachstan, Kirgisistan, Tadschikistan, Turkmenistan, Usbekistan)

Entwicklungsländer [128] developing countries
Untergruppe: ***Least Developed Countries,*** LDCs, am wenigsten entwickelte Länder:
Afghanistan, Angola, Äquatorialguinea, Äthiopien, Bangladesch, Benin, Bhutan, Burkina Faso, Burundi, Demokratische Republik Kongo, Dschibuti, Gambia, Guinea, Guinea-Bissau, Haiti, Jemen, Kambodscha, Kap Verde, Kiribati, Komoren, Laos, Lesotho, Liberia, Madagaskar, Malawi, Malediven, Mali, Mauretanien, Mosambik, Myanmar, Nepal, Niger, Ruanda, Salomonen, Sambia, Samoa, Sao Tomé und Principe, Sierra Leone, Somalia, Sudan, Tansania, Togo, Tschad, Tuvalu, Uganda, Vanuatu, Zentralafrikanische Republik

8 von 193 Staaten sind statistisch nicht erfasst.

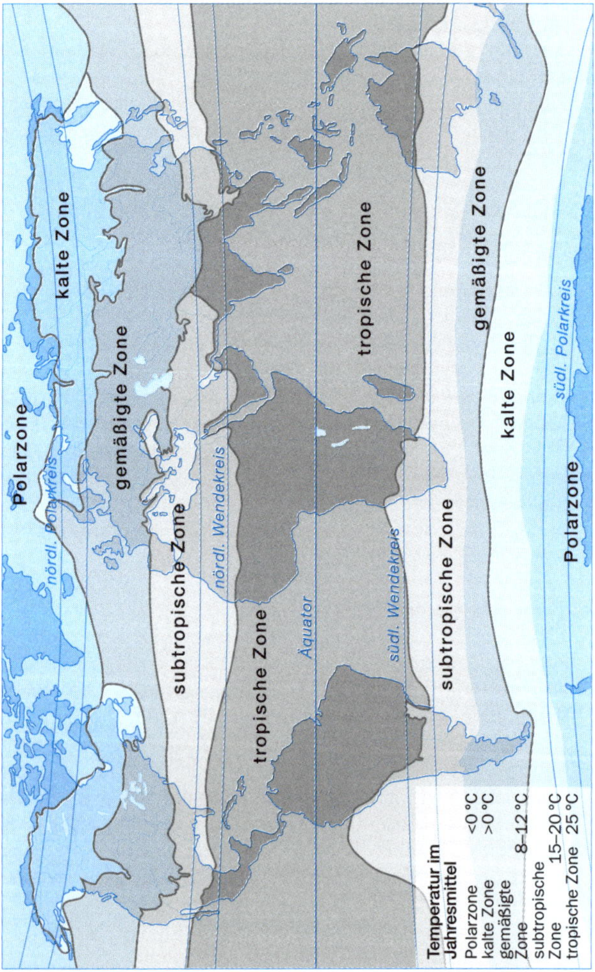
Polarzone
kalte Zone
gemäßigte Zone
subtropische Zone
tropische Zone
tropische Zone
subtropische Zone
gemäßigte Zone
kalte Zone
Polarzone
nördl. Polarkreis
nördl. Wendekreis
Äquator
südl. Wendekreis
südl. Polarkreis
Temperatur im Jahresmittel
Polarzone <0 °C
kalte Zone >0 °C
gemäßigte Zone 8–12 °C
subtropische Zone 15–20 °C
tropische Zone 25 °C

16 Vegetationszonen der Erde

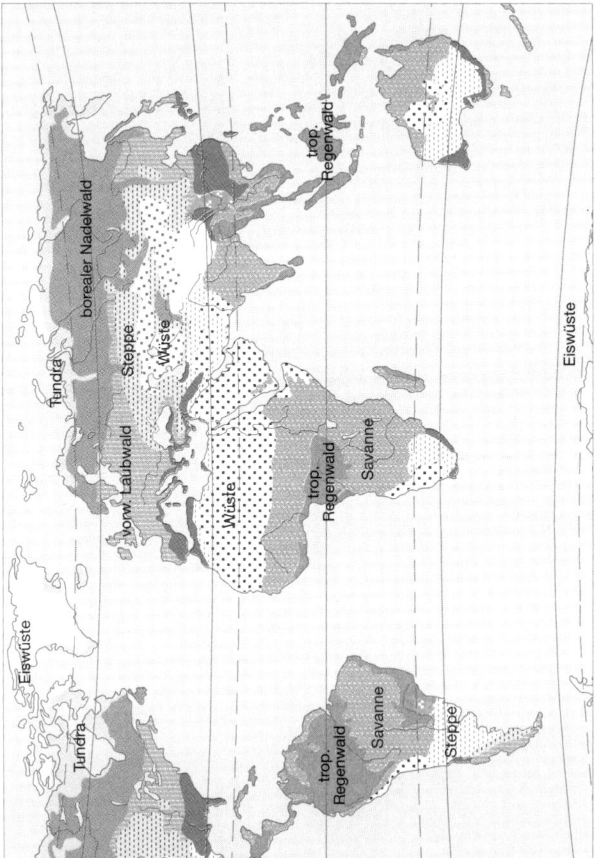

17 Erdbeben- und Vulkangebiete der Erde

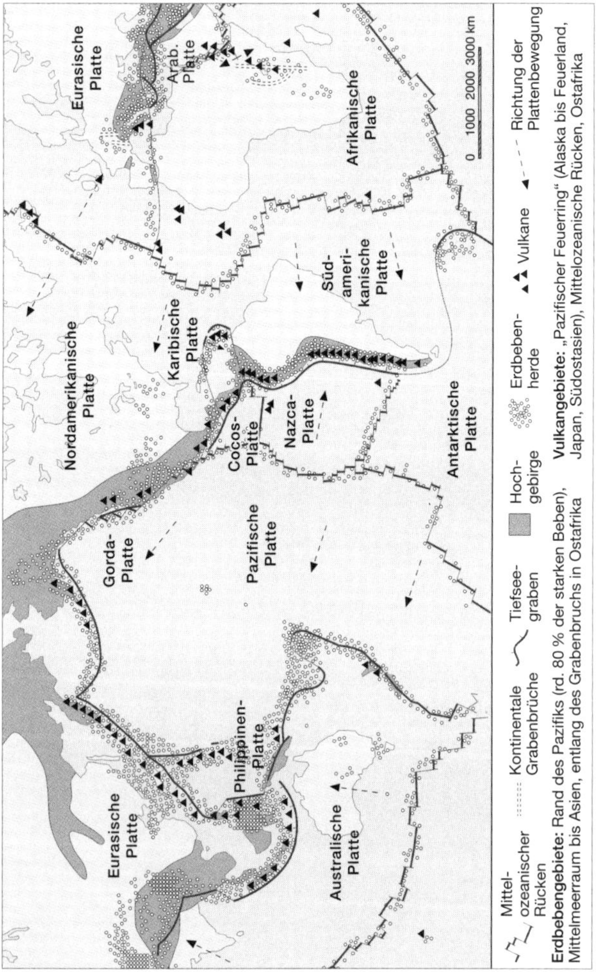

Methoden und Arbeitstechniken

1 Wie orientiere ich mich mithilfe des Gradnetzes?

Auch wenn du nicht Pilotin oder Kapitän werden willst, solltest du wissen, wie du jeden Punkt auf der Erde finden oder bestimmen kannst. Eigentlich ist es ganz einfach. Unsere Erde ist von einem Netz gedachter Linien überzogen. Sie heißen Breiten- und Längenkreise. Der Äquator (Gleicher) verläuft im gleichen Abstand vom Nord- und vom Südpol. Dieser nullte Breitenkreis teilt die Erde in eine Nord- und eine Südhalbkugel. Nördlich und südlich des Äquators verlaufen je 90 parallele Kreise. Manchmal findest du auch den Begriff Breitengrad. Der 90. Breitenkreis – der Nord- bzw. Südpol – ist nur ein Punkt. Die geographische Breite eines Ortes gibt also den Abstand vom Äquator an. Beispiel: Berlin 53° 30'N. N (Nord) bedeutet, dass der Ort auf der nördlichen Halbkugel liegt. Das Zeichen ' steht für Minute. 1 Grad wird in 60 Minuten unterteilt (1° = 60'), 1 Minute in 60 Sekunden (1' = 60''). Die Längenkreise verlaufen von Pol zu Pol. Sie heißen auch Meridiane oder Mittagslinien, weil alle Orte auf einem Meridian zur gleichen Zeit Mittag haben. Im Gegensatz zu den Breitenkreisen sind sie aber nur Halbkreise. Die Zählung beginnt bei 0°, das ist der Nullmeridian, der durch Greenwich in London verläuft. 180 Längenkreise gibt es nach Westen und 180 nach Osten. Man spricht dann von östlicher (O, E von engl. East) oder westlicher (W) Länge. Für Berlin lautet die Angabe: 13° 24'O, d. h. es liegt östlich von Greenwich. Die geographische Länge gibt also den Abstand eines Punktes oder eines Ortes vom Nullmeridian an. Jetzt kannst du deinen Heimatort im Atlas bestimmen und die Koordinaten mit einem Multimedia-Atlas überprüfen.

2 Wie werte ich Bilder aus?

Bilder haben eine Geschichte und sie können „erzählen“, wenn du sie befragst. Aber Vorsicht! Beginne nicht sofort mit irgendwelchen Erklärungen, die dir gerade einfallen. Am besten gehst du in drei Schritten voran.

1. Schritt: das Bild in Ruhe ansehen. Beim ersten Betrachten fallen dir einige Einzelheiten besonders auf. Das können Menschen bei der Arbeit, einzelne Gebäude, Verkehrswege oder Landschaften sein. Achte auch auf die Bildunterschrift. Sie gibt dir schon Hinweise auf den Bildinhalt.

2. Schritt: das Bild beschreiben. Oft ist ein Bild in einen Vordergrund, Mittelgrund und Hintergrund unterteilt. Damit hast du schon eine erste Gliederung vorgenommen. Jetzt ordnest du die Einzelheiten zu. Du beschreibst, was du auf dem Bild siehst. Was machen z. B. die Menschen gerade? Wie sieht die Landschaft aus? Als Nächstes überlegst du, welche Einzelheiten zusammengehören. Der Fotograf will ja mit dem Bild eine bestimmte Aussage machen. Du musst also beschreiben, was am wichtigsten ist, wo der Schwerpunkt liegt.

3. Schritt: das Bild erklären. Jetzt kannst du mit einbringen, was du schon gelernt hast. Du fragst nach den Gründen und Ursachen und gibst die Antworten. Die Hauptfragen sind immer Warum ist das so? Was sagen mir die Einzelheiten? Was kann ich daraus schließen? Du darfst allerdings nicht nur Behauptungen aufstellen. Viel wichtiger ist, dass du deine Schlussfolgerungen auch begründest.

Zu 2: vorn Feld unter Wasser, Mitte zwei Ochsen mit Pflug, dahinter Bauer, hinten unbestelltes Feld;
Zu 3: Vorbereiten eines Reisfeldes durch Kleinbauern, Frauen setzen danach Reissetzlinge in den Boden; Reis muss bis zur Ernte im Wasser stehen; Anbau während der Monsunzeit in Indien

Pflügen eines Reisfeldes

3 Wie werte ich Klimadiagramme aus?

Es soll Leute geben, die in den Osterferien ans Mittelmeer fahren und die meiste Zeit im Hotel verbringen müssen, weil es regnet. Ein Blick auf ein Klimadiagramm hätte ihnen viele Informationen gegeben und Stress erspart. Beim Auswerten eines Klimadiagramms gehst du am besten in zwei Schritten vor.

1. Beschreiben. Du stellst fest, wo die Klimastation liegt. Dann siehst du dir den Verlauf der Temperaturkurve mit den höchsten und tiefsten Werten an. Bei den Niederschlagssäulen verfährst du ebenso. Beachte, wann die meisten und wann die geringsten Niederschläge fallen. Unter dem Namen der Klimastation kannst du die Jahresdurchschnittstemperatur und den Jahresniederschlag ablesen.

2. Erläutern. Am Beispiel von Palermo erkennst du, dass der Sommer heiß ist und die meisten Niederschläge in den kühlen Wintermonaten fallen. Es handelt sich um ein Winterregen- bzw. Mittelmeerklima. Da die Monate Juli bis September trocken (arid) sind, kann die Landwirtschaft ohne Bewässerung nicht auskommen. Für Urlauber sind die Monate Mai und September gut zu ertragen, denn dann ist es nicht zu heiß, und die Regenfälle bleiben im Durchschnitt unter 40 mm im Monat.

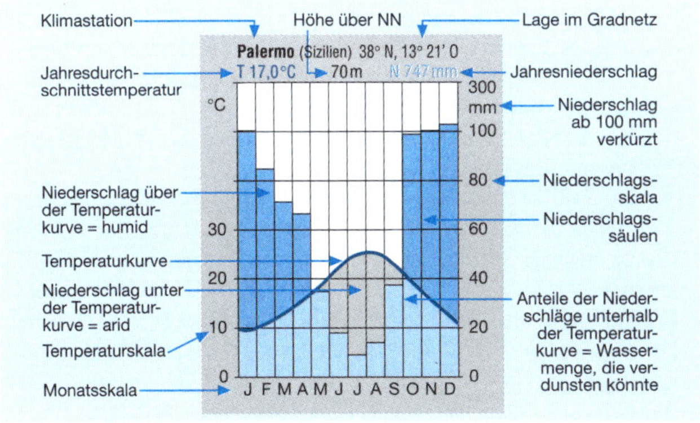

4 Wie arbeite ich mit Texten?

Schreiben und lesen? Das ist natürlich kein Problem für dich. Aber Texte auch verstehen kann mühselig sein, wenn man einige Grundregeln nicht beachtet. Vier einzelne Schritte bringen dich dem Verständnis näher.

1. Sich dem Text annähern. Im Klartext heißt das, den Text erst einmal lesen. Wenn das Buch dir gehört oder du eine kopierte Seite vor dir liegen hast, kannst du die Schlüsselwörter unterstreichen oder mit einem Marker kennzeichnen. Wichtig ist schon beim ersten Durchlesen, auf die Überschrift, die Quelle und das Erscheinungsjahr zu achten.

2. Den Text mit eigenen Worten wiedergeben. Das hört sich leicht an, erfordert aber einige Vorarbeiten. Zuerst müssen Fremdwörter und Fachbegriffe geklärt werden. Dann sollte man sich die Gliederung genau ansehen und falls keine vorhanden ist, den Text gliedern. Jetzt kommt ein schwieriger Teil: Was ist die Hauptaussage des Textes? Mithilfe der Schlüsselwörter klappt aber eine Wiedergabe ohne Probleme. Wer ganz sichergehen will, zitiert außerdem die Kernaussagen. Erfolgt die Wiedergabe mündlich, sagt man „Zitat Anfang“ und „Zitat Ende“.

3. Den Text erläutern. Dazu musst du einige Fragen stellen, z. B. Welche Aussage beabsichtigt der Verfasser? Um welche Hintergründe geht es? Das können geographische, historische oder politische Ereignisse sein. Hier musst du dein Vorwissen einbringen oder, wenn das nicht ausreicht, Informationen einholen. Bei der Erläuterung verfasst du praktisch einen Kommentar mit Erklärungen zum Text. Sehr hilfreich ist es, wenn auf die Schlüsselwörter mit der Zeilenangabe verwiesen wird.

4. Die Textaussage bewerten. Es geht darum, die Textaussage zu überprüfen. Ist der Text verständlich? Handelt es sich um eine Sachaussage ohne Wertungen oder soll der Leser beeinflusst und in eine bestimmte Richtung gelenkt werden? Sind die Aussagen begründet oder stellt der Verfasser nur Behauptungen auf? Zum Schluss kannst du in einer Zusammenfassung deine eigene Meinung wiedergeben.

5 Wie arbeite ich mit dem Atlas?

So sieht manchmal der Schulalltag aus: Die Klasse erhält den Auftrag, eine bestimmte Landschaft oder einen Ort im Atlas zu suchen. Alle blättern wild herum, bis die oder der Erste schließlich die richtige Seite gefunden hat. Es geht auch anders.
Jeder Atlas hat auf den ersten Seiten eine ***Kartenübersicht*** bzw. einen Kartenweiser. In farbigen Rechtecken sind die Seitenzahlen für die physischen Karten, Wirtschaftskarten und andere thematische Karten eingetragen. Das erleichtert den schnellen Überblick. Als Nächstes folgen ***Inhaltsübersicht*** und ***Inhaltsverzeichnis.*** In der Regel beginnen die Karten mit Deutschland, dann folgen die Kontinente und zum Schluss die Polargebiete, Ozeane und die Erdübersichten. Bei einigen Atlanten steht das Inhaltsverzeichnis auch vor den Kontinenten oder es ist nach Themen gegliedert. Besonders wichtig sind die ***Legenden*** (Kartenzeichen). Meistens sind sie noch einmal gesondert aufgeführt. Einige Atlanten haben auch ***statistische Angaben*** zu Kontinenten und Staaten.
Möchtest du ganz gezielt einen Ort suchen? Das Namensregister auf den hinteren Seiten des Atlas hilft dir weiter. Hinter dem Namen stehen die Seitenzahl und dahinter eine Buchstaben-Zahlenkombination. Beispiel aus Atlas *Unsere Welt*: Wien 88/89 O2. Auf der Doppelseite 88/89 sind oben und unten zwischen den Längskreisen rote Großbuchstaben von links nach rechts eingetragen. Zwischen den Breitenkreisen stehen rechts und links auf der Karte rote Ziffern. Du suchst zuerst den Großbuchstaben und dann die Ziffer. Innerhalb der so eingegrenzten Längen- und Breitenkreise findest du den gesuchten Ort. Und was ist, wenn du eine Karte mit einem bestimmten Inhalt suchst? Nehmen wir das Beispiel „Erdöl“. Auch hier lässt der Atlas dich nicht im Stich. Es gibt nämlich auf den hinteren Seiten ein Sachwortregister, das auf die entsprechenden Karten verweist.
So, jetzt bist du im Umgang mit dem Atlas fit und wenn du alles beherzigst, bist du schneller als alle anderen deiner Klasse.

6 Wie werte ich eine Karte aus?

Karten haben es wirklich in sich. Sie liefern so viele Informationen, dass man leicht Einzelheiten übersieht. Hier einige Tipps:

1. Einlesen in die Karte. Beim ersten Betrachten fällt dir sicher auf, worüber die Karte etwas aussagt. Das Thema oder den Inhalt ist oft schon in der Über- oder Unterschrift angegeben. Wirf den zweiten Blick auf die Legende, sonst kannst du die Farben, Raster und Signaturen nicht richtig zuordnen. Achte auf Maßstab oder Entfernungsleiste.

2. Beschreiben des Karteninhaltes. Am geschicktesten ist es, wenn du dir vorher einige Fragen überlegst, die die Karte dir beantworten soll, z. B. Wo liegt der Raum? Wie ist er gegliedert? Wo sind auffällige Verteilungen von Flächen und Signaturen? Wo kann ich etwas messen, auszählen oder berechnen? Welche Entwicklungen – räumlich/zeitlich – lassen sich aufzeigen?

3. Erklären des Karteninhaltes. Jetzt geht es darum, für die auf der Karte dargestellten Flächen und Signaturen Gründe zu finden. Wie liegen die einzelnen Landschaftsteile zueinander? Warum gibt es diese räumlichen Anordnungen? Einen Teil der Antwort gibt die Karte selber, manchmal kannst du weitere Karten zur Ergänzung heranziehen, für den Rest musst du deine eigenen Kenntnisse aktivieren.

4. Bewerten des Karteninhaltes. Stimmen Überschrift und Karteninhalt überein? Inwieweit ist der Karteninhalt überhaupt verständlich? Ist die Kartenaussage noch gültig?

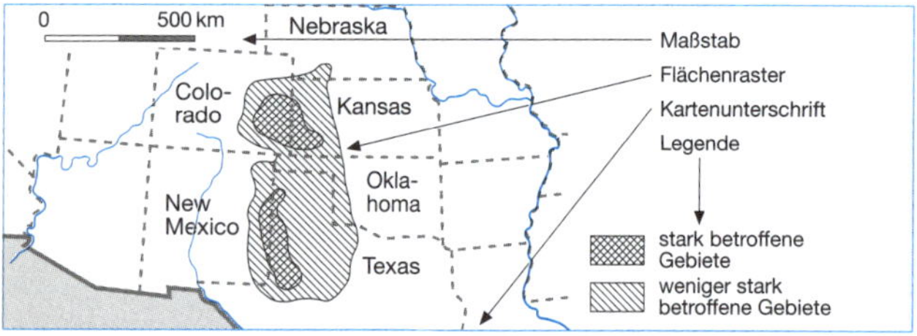

Staubstürme in den USA Anfang der 1930er- und 1950er-Jahre

7 Wie fertige ich eine Kartenskizze an?

„Ich kann schlecht zeichnen" behaupten einige. Dabei sollen sie keine Karten zeichnen, sondern nur Skizzen entwerfen. Das kann z. B. für eine Wandzeitung ganz anschaulich sein, und auch im Hausheft sieht eine farbige Skizze echt gut aus. Auf Schönheit kommt es nicht an, entscheidend ist der Inhalt.

Die einfachste Darstellung ist eine ***Umrissskizze.*** Einige Umrisse sind wirklich einfach: Afrika sieht aus wie ein Dreieck mit einem Trapez oben drauf und Italien ähnelt einem Stiefel. Lege zuerst ein durchsichtiges Blatt (Folie) auf eine Karte mit den Ländergrenzen und zeichne die Grenzen nach. Du merkst schnell, dass du viele Kurven zeichnen musst. Beim zweiten Versuch lässt du einfach einige Kurven weg. Das wiederholst du mehrmals. Zum Schluss merkst du dir den Umriss und zeichnest ihn aus dem Kopf nach.

Bei einer ***topographischen Merkskizze*** überträgst du aus einer physische Karten Gebirge, Flüsse, Städte, Landschaften usw. In eine ***thematische Kartenskizze*** trägst du Sachzusammenhänge ein. Du kannst selber die Signaturen wählen und zur besseren Lesbarkeit auch mit Pfeilen arbeiten.

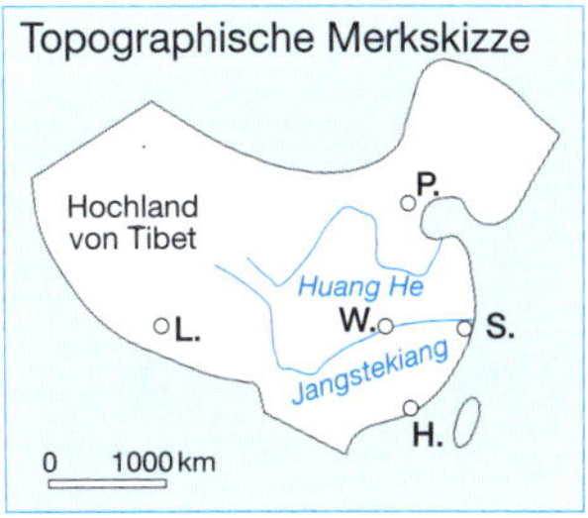

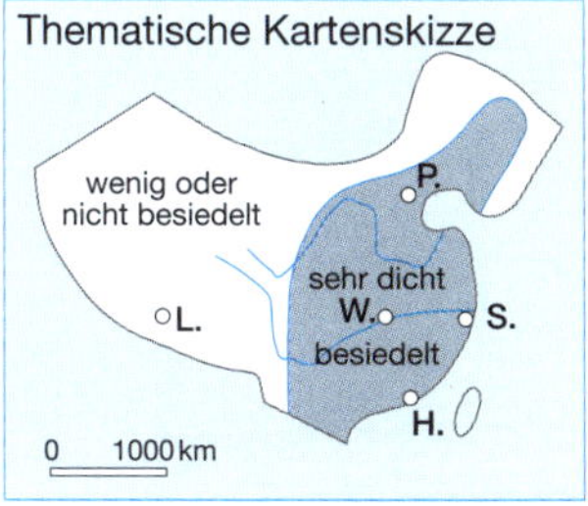

8 Wie kartiere ich eine Einkaufsstraße?

Nach der Schule schnell in den Computerladen oder ins Eiscafé – das kennst du. Aber hast du schon bewusst die Häuserfassaden hochgesehen und dich gefragt, was es dort noch alles gibt? Wenn du „deine“ Einkaufsstraße kartierst, weißt du mehr.

1. Eine Karte beschaffen. Karten, am besten im Maßstab 1:1000, bekommst du beim Stadtplanungsamt oder im Reisebüro. Falls das nicht klappt, schreitest du die Straße ab, zählst die Schritte und multiplizierst sie mit deiner Schrittlänge. Anschließend schreibst du die Länge der einzelnen Häuserblöcke in Metern auf.

2. Die Legende festlegen. Was soll kartiert werden? An erster Stelle steht die Zahl der Stockwerke. Das werden übereinander liegende Kästchen. Bei der Branchenaufteilung wird es schon schwieriger. Um nicht zu viel kartieren zu müssen, empfehlen sich Zusammenfassungen, z. B. Hotel, Restaurant, Café unter „Gaststättengewerbe“. Auch bei den Dienstleistungen unterscheidet am besten nach öffentlichen (z. B. Post, Polizei, Verwaltung) und privaten Dienstleistungen wie Arztpraxis, Steuerberatungsbüro, Reisebüro. Bei Einzelhandel und Ladenketten kann man in kurz-, mittel- und langfristigen Bedarf aufteilen. Für die Branchen musst du noch die Farben festlegen.

3. Kartieren der Einkaufsstraße. Zuerst zeichnest du die Geschosshöhe, dann trägst du die Funktionen in den Stockwerken ein. Wenn unklar ist, um was es sich handelt, musst du den Geschäftsinhaber, den Hausmeister oder die Mieter befragen.

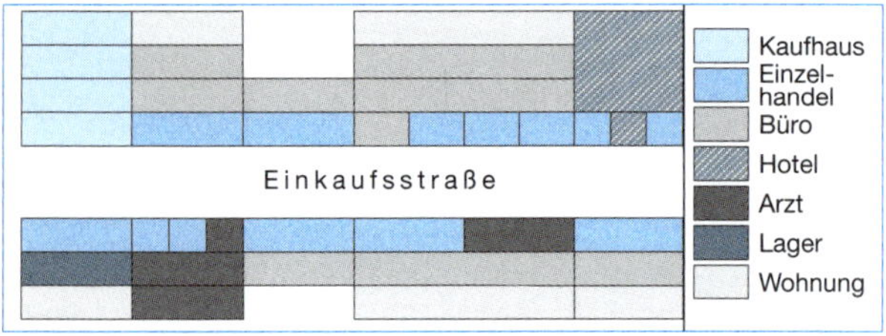

9 Wie arbeite ich mit einer Tabelle?

Zahlen, Zahlen, Zahlen! Das ist doch keine Mathe-Stunde, denkst du. Nur ein bisschen, sozusagen fächerübergreifend. Vier Schritte zeigen dir die Richtung.

*1. **Einlesen.*** Worum geht es? Lies die Unter- oder Überschrift. Welche Angaben sind zur Quelle vorhanden? Um welche Zahlenart handelt es sich? Auch wenn du in Mathe nicht ganz so gut bist, kennst du den Unterschied zwischen absoluten, relativen und Indexzahlen. Wie ist die Tabelle gegliedert? Verwende nachher bei der Beschreibung die Begriffe Kopfleiste, Randspalte, Spalte usw.

*2. **Beschreiben.*** Welche Zahlen fallen besonders auf? Arbeite die Tiefst-, Mittel- und Höchstwerte heraus. Wie stehen die Zahlen zueinander in Beziehung? Überprüfe, ob es eine Gesamtsumme oder Durchschnittswerte gibt. Welche Tendenz ist erkennbar? Das kann Ab- oder Zunahme bedeuten, aber auch Umkehr oder Unterschiede. Im Zweifelsfall musst du etwas rechnen. Was ist die zentrale Aussage der Tabelle? Hier solltest du mindestens einen ganzen Satz formulieren.

*3. **Erläutern.*** Welche Vermutungen kannst du über den Inhalt anstellen? Finde Gründe. Ordne die Zahlen in einen räumlichen und zeitlichen Zusammenhang ein. Mit welchen anderen Materialien ist ein Vergleich möglich? Dein Vorwissen hilft dir bei der Erklärung. Notfalls musst du Informationen beschaffen.

*4. **Bewerten.*** Ist die Tabelle aussagekräftig oder sind die Zahlen willkürlich zusammengestellt? Stimmen die Bezugswerte oder sind weitere Zahlenangaben erforderlich?

Die größten Mineralölverbraucher in Mio. t

	2001	2000	1990
USA	894,9	887,8	779,0
Japan	249,1	255,0	240,2
China*	223,5	219,8	95,5
Deutschland	131,3	129,4	126,3
Russland**	126,0	123,5	409,8

* ab 1998 mit Hongkong ** 1990 Sowjetunion

Quelle: Der Fischer Weltalmanach 2003

Überschrift
Randspalte
Kopfleiste
Spalte
Zeile
Fußnote
Quelle

10 Wie erstelle und lese ich ein Diagramm?

Zahlen, umgesetzt in eine zeichnerische Darstellung, findest du überall. Probiere es einmal selber, bevor du die Arbeit von einem Grafikprogramm des Computers machen lässt. ***Säulen-, Linien-, Kurvendiagramme.*** Zuerst stellst du bei den Zahlen den Höchstwert fest. Daran orientieren sich auf der y-Achse die Unterteilungen. Fange links unten bei 0 an. Oben an der y-Achse steht die Maßeinheit, z. B. Mrd. Die x-Achse wird meistens in Jahreszahlen unterteilt, manchmal in Buchstaben oder wie beim Klimadiagramm in Monate. Den Säulen kannst du Farben, Raster und Signaturen zuordnen, und beim Liniendiagramm kann die Linie farbig und als Strich oder mit Punkten gezogen werden. Bedenke, dass kräftige Farben immer die höchste Aufmerksamkeit auf sich ziehen. ***Balkendiagramme*** sind auf die Seite gelegte Säulendiagramme.

Kreisdiagramme. Vorab eine Warnung: Zu viele Werte machen ein Kreisdiagramm unübersichtlich! Ein Kreis hat bekanntlich 360 Grad. Den Wert für einen Kreisabschnitt (Sektor) musst du umrechnen.

Relative Zahlen geben die Anteile in Prozent wieder. 1 % entspricht 3,6°. Die Auswertung erfolgt wie bei der Tabelle: einlesen – beschreiben – erläutern – bewerten.

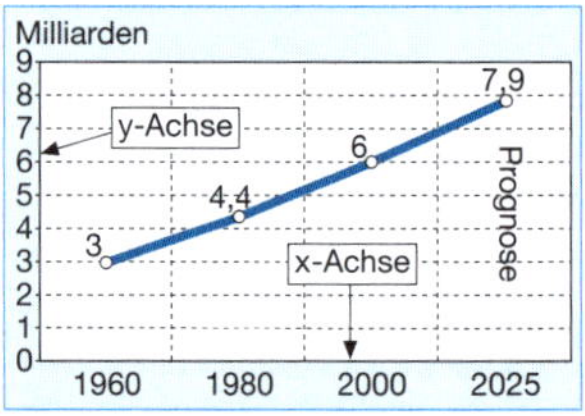

Kurvendiagramm Weltbevölkerung

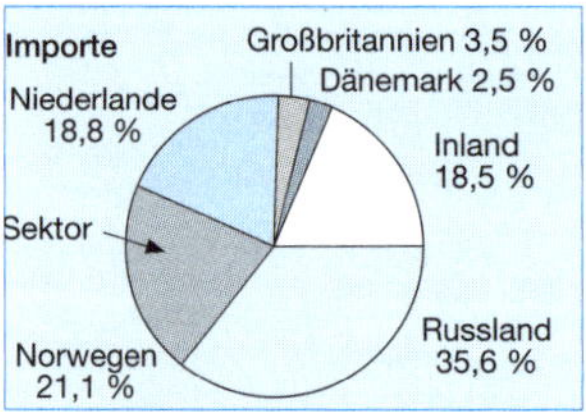

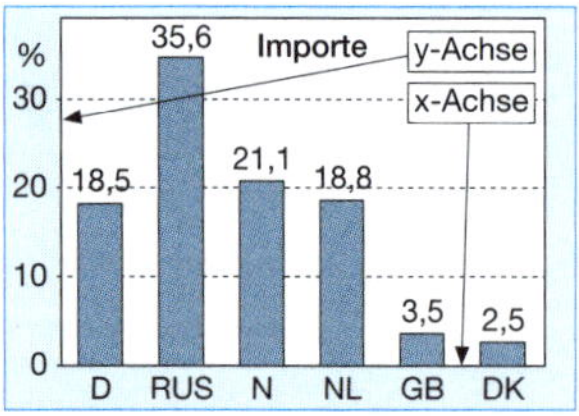

Kreisdiagramm Deutschland: Erdgas 2001 (109,7 Mrd. m³) Säulendiagramm

11 Wie entwerfe ich ein Kausalprofil?

Ein Profil ist ein gezeichneter Querschnitt. Ein Höhenprofil z. B. gibt das Relief, d.h. die Oberflächengestaltung, wieder. Ein Bodenprofil zeigt von oben nach unten die Abfolge der Bodenhorizonte, also von A nach B und C oder D. Was ist ein Kausalprofil? Es ist nichts anderes als ein Höhenprofil mit zusätzlichen Anmerkungen. Dabei sollen Beziehungen zwischen dem Relief und Naturfaktoren oder zwischen dem Relief und vom Menschen verursachten Bedingungen deutlich werden. Zuerst musst du ein Höhenprofil zeichnen. Wer ganz genau sein will, überträgt die Längsentfernung von einer Karte auf eine x-Achse und die höchste Höhenangabe auf eine y-Achse. Wenn es sich um Meter handelt, ist es manchmal angebracht, die Höhe überzubetonen. Beispiel: Länge 1000 m (10 cm auf deiner Zeichnung, Höhe 200 m (4 cm statt 2 cm). Aber hüte dich vor Übertreibungen, sonst entstehen falsche Vorstellungen. Häufig reicht auch eine einfache Strichzeichnung des Reliefs, denn schließlich willst du ja einige Stichworte, eventuell Richtungspfeile und einige Signaturen z. B. für Wald oder Grünland zur Erklärung eintragen. Die Beschriftung kannst du in der Profilzeichnung vornehmen. Weitere Angaben haben in Tabellenform unter dem Profil Platz. Dann erweitert sich deine Zeichnung zu einem Klima-, Vegetations- und Nutzungsprofil. Grundsätzlich soll Unwichtiges weggelassen werden. Dein Kausalprofil gibt nur das Wichtigste vereinfacht, aber anschaulich wieder.

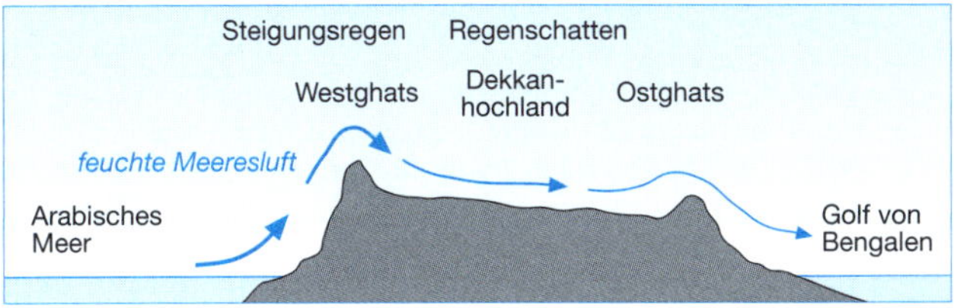

Kausalprofil: Luftströmung über Indien während des Sommermonsuns

12 Wo beschaffe ich Zusatzmaterialien?

Dir fällt garantiert das ***Internet*** ein, oder? Doch ganz so einfach sind Suche und Auswertung nicht und deshalb erfährst du im nächsten Kapitel Genaueres. Fangen wir mit der herkömmlichen Suche an. Wenn das Erdkundebuch und der Atlas dir nicht mehr weiterhelfen, musst du dir woanders Informationen beschaffen. Den schnellsten Zugang hast du in der ***Schülerbücherei.*** Sehr empfehlenswert ist auch ein Besuch der ***Stadtbibliothek.*** Dort findest du nicht nur Bücher, Zeitungen und Zeitschriften, sondern auch Video-Kassetten, CDs und DVDs. Wenn eine ***Stadt-, Kreis- oder Landesbildstelle*** an deinem Schulort ist, solltest du dort mal vorbeischauen. Benötigst du spezielle Informationen zu einem bestimmten Thema, weil du z. B. ein Referat ausarbeiten musst, dann sind die ***Presseabteilungen von Verbänden und Organisationen*** eine gute Quelle. Meistens findest du die Telefonnummern im örtlichen Telefonbuch. Eine echte Fundgrube sind verschiedene ***Jahrbücher.*** Wie der Name schon sagt, erscheinen sie jedes Jahr neu. Beispiele sind *Der Fischer Weltalmanach,* das *Harenberg-Lexikon Aktuell* und der *Spiegel Almanach (Welt-Jahrbuch).*

Wer einen ***PC*** oder ein ***Notebook*** zu Hause hat, weiß, was man alles aus *Microsoft Encarta* herausziehen kann. Es gibt aber auch eine ganze Reihe von Nachschlagewerken und Kartendarstellungen auf CDs und DVDs, die die Kaufhäuser in den Regalen haben, z. B. *Der große Kosmos Schulatlas* oder *Der Brockhaus multimedial.* Oft kannst du bei den Materialien nicht das Original behalten oder benötigst nur zwei, drei Seiten. Klar, du machst eine Kopie. Und wohin mit den fliegenden Blättern und Notizen? Schließlich kommen noch Ausschnitte aus Zeitungen und Zeitschriften hinzu. Wer nicht den Überblick verlieren will, legt ein eigenes ***Archiv*** an. Gut bewährt hat sich ein DIN-A4-Ordner mit Klarsichthüllen. Außen auf die Hüllen klebst du einen Zettel mit dem Thema. Dass du auf die Einzelblätter und Ausschnitte Datum und Quelle schreibst, versteht sich von selbst.

13 Wie führe ich ein Interview durch?

Findest du manchmal auch die Fragen, die ein Reporter irgendwelchen Leuten stellt, ziemlich langweilig? Das soll dir nicht passieren.

1. Vorbereitung. Legt in der Gruppe zuerst das Thema fest. Unterteilt es in Einzelfragen und erstellt daraus einen Fragebogen. Achtet darauf, dass ihr keine Doppelfragen und keine Ja-Nein-Fragen formuliert. Falsch: Gehen Sie oft hier einkaufen? Gute Umfragen beginnen mit einer W-Frage, z. B. Welche Rolle spielt …? Warum sollte Ihrer Meinung nach …? Was halten Sie von …? Überlegt, ob die möglichen Antworten in Stichworten aufgeschrieben oder nur in vorbereiteten Kästchen angekreuzt werden sollen. Vielleicht ist es sogar einfacher, einen Kassettenrekorder oder ein Diktiergerät zu benutzen. Sehr ratsam ist es, schon jetzt festzulegen, wer anschließend die Antworten aufschreibt. Als Nächstes überlegt ihr, wen ihr ansprechen wollt. Davon hängt auch ab, wo die Umfrage durchgeführt werden soll.

2. Durchführung. Du begrüßt die Person, die du befragen möchtest, stellst dich als Interviewer vor (Name, Schule) und nennst den Grund, warum du sie oder ihn ansprichst. Dann erläuterst du kurz das Thema, zu dem du Informationen und Meinungen einholen möchtest. Manche Leute mögen nicht in ein Mikrofon sprechen. Das solltest du respektieren. Es gibt auch Leute, die absolut keine Lust zu einem Interview haben. Bleibe trotzdem freundlich. Bei manchen Antworten wirst du nicht zufrieden sein. Manchmal helfen Zusatzfragen, die nicht auf deinem Fragebogen stehen. Wenn du mit dem Interview zu Ende bist, bedanke dich. Das macht einen guten Eindruck.

3. Auswertung. Wenn es sich um Ankreuz-Antworten handelt, müssen diese ausgezählt werden. Längere Antworten müssen zusammengefasst und unter Umständen in „dafür“ und „dagegen“ eingeordnet werden. Abschließend werden alle Fragen und Antworten für die gesamte Klasse zusammengestellt, entweder in einem mündlichen Bericht oder schriftlich an der Pinnwand oder als Wandzeitung. Schreibe so groß, dass auch Rita und Ralf in der letzten Reihe noch alles lesen können.

14 Wie benutze ich das Internet?

Das Internet ist eine feine Sache – wenn du richtig damit umgehen kannst. Nehmen wir an, du suchst Informationen zum Thema Nord-Süd-Gegensatz. Dazu brauchst du eine Suchmaschine wie ***www.google.de, www.lycos.de, www.yahoo.de.*** Bevor du den Begriff eingibst, gehe auf „Erweiterte Suche“, wenn vorhanden. Das hat den Vorteil, dass du mehrere Begriffe und die Sprache, in der gesucht werden soll, eingeben kannst. Meist stehen die besten Ergebnisse am Anfang. Die nächste Frage ist, ob du die angeklickte Datei (Text, Bild, Grafik) nur online ansehen, gleich ausdrucken oder abspeichern willst. Ersteres kostet Geld, weil die Verbindung zum Internet geöffnet ist, Abspeichern hat den Vorteil, dass du die Datei später in Ruhe lesen und bearbeiten kannst. Erstelle vorher auf deiner Festplatte einen Ordner mit dem Thema, das du gerade bearbeitest, sonst findest du hinterher nichts wieder. Inzwischen gibt es für Erdkunde eine ganze Reihe von Webadressen, die auch deine Lehrer benutzen. Hier eine Auswahl:

www.erdkunde-online.de – Informationen zu jedem Land der Welt, Grundlagen der Geographie in der Mittelstufe, Hintergrundberichte, Erklärungen von Ländernamen, Fachwörterbuch

www.datenbank.europa.de – Aktuelles zu Geographie, Wirtschaft, Politik, Kultur und Schule für alle Länder Europas

www.g-o.de – Top News aus Natur- und Geowissenschaften, Wissen aktuell, Lernwelten (Materialien für den Unterricht)

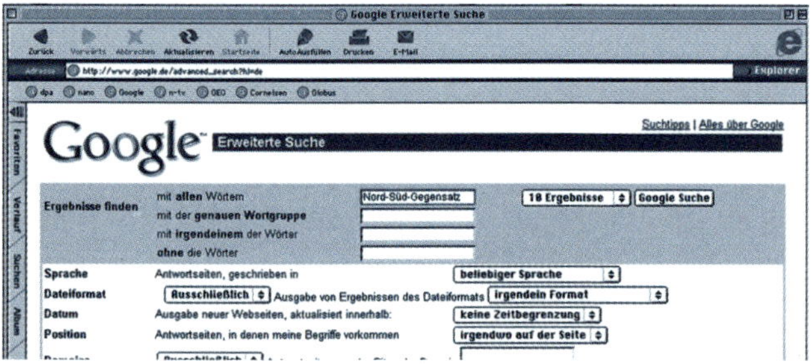

www.lehrer-online.de – Unterrichtsbeispiele, aktuelle Themen
lbs.hh.schule.de (Hamburger Bildungsserver) – Unterrichtsmaterialien, Verweise zu Länderinformationen, Karten, Projekten
erdkunde.bildung-rp.de (Bildungsserver Rheinland-Pfalz) – Unterricht, Computereinsatz, Hotspots, Erdkunde-Adressen
educeth.ethz.ch/geographie – Bausteine, Materialien für den Unterricht, Hotspots, kommentierte Links, Karten
gw.eduhi.at – Geographie und Wirtschaftskunde, Informationen über Österreich; Links zu Ländern in Europa, Afrika, Asien, Amerika, Australien, Polargebiete, Weltmeere; Karten.
Auch die Schulbuchverlage bieten Materialien an. Gib nach www. den Namen mit Punkt und die Landesabkürzung ein (de, at, ch). Wer wissen möchte, wie die Länder sich selbst darstellen, ist bei den Botschaften an der richtigen Adresse. Die Webadresse findest du am leichtesten mit „Suche“ auf der Startseite von T-Online oder einer anderen Suchmaschine. Gib den Namen des Landes ein, einen Leerschritt und „Botschaft“.
Du hast nun die Dateien auf der Festplatte abgelegt. Jetzt kommt der wichtigere Schritt: Sichten und Auswerten. Es nützt nichts, eine komplette Datei mit dem Farbdrucker auszudrucken und in deinem Hefter abzulegen. Deine Lehrerin oder dein Lehrer können nicht kontrollieren, ob du den Inhalt überhaupt verstanden hast. Du musst den Text meist kürzen oder umschreiben. Oft reicht eine Zusammenfassung. Bilder und Grafiken können mit zusätzlichen Erklärungen versehen werden. Auf keinen Fall darfst du die Quelle vergessen.

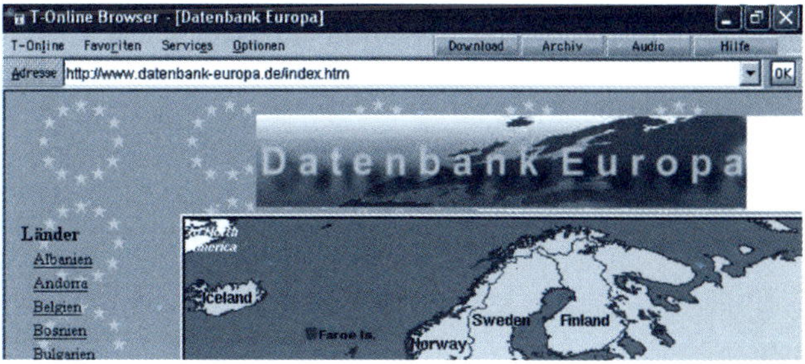

15 Was muss ich bei einem Projekt alles beachten?

Projekte werden in der Projektwoche oder an Projekttagen durchgeführt. Damit dabei etwas herauskommt und du auch Spaß hast, hier einige Anregungen.

1. Sich an der Auswahl des Themas beteiligen. Entscheide dich für ein Thema, begründe deine Entscheidung und sieh zu, dass du in eine Arbeitsgruppe kommst, die die gleichen Interessen hat wie du.

2. Themen, Arbeitsschritte, erforderliche Zeit planen. Lege (zusammen mit der Gruppe) Teilthemen fest und plane die einzelnen Schritte. Worauf soll das Ganze hinauslaufen, was ist das Ziel? Wer holt wo welche Materialien und Informationen? Bis wann müssen bestimmte Arbeiten fertig sein? Wann und wo soll man sich treffen und die Zwischenergebnisse vorstellen? Trage die Vorgaben in eine Zeitleiste ein. Wie und wem soll das Endergebnis präsentiert werden? Lohnt sich eine Fotoausstellung? Müssen Stellwände für Karten und selbst gezeichnete Grafiken aufgestellt werden? Traut sich eine Gruppe, ihre Ergebnisse für die Präsentation am PC zusammenzustellen? Oder reicht ein normaler Overhead-Projektor? Die Parallelklasse könnte interessiert sein und auch Eltern sollten sich die Arbeiten anschauen können. Denkbar ist auch ein Bericht in der Schülerzeitung oder in der Lokalzeitung.

3. Das Projekt durchführen. Verliere bei deiner Arbeit nicht das Ziel aus den Augen, sondern bleibe bei der Informationsbeschaffung hartnäckig. Sichte die Informationen und setze sie so um, dass deine Mitschüler und Mitschülerinnen sie auch verstehen. Denke daran, wie deine Ergebnisse dokumentiert werden können. Sprich dich mit den anderen in deiner Arbeitsgruppe ab.

4. Die Ergebnisse vorstellen. Wenn du nicht selber Gruppensprecher/in bist, bringe Ergänzungen ein. Höre bei der Auswertung aufmerksam zu und sei nicht beleidigt, wenn jemand Kritik übt. Denke darüber nach, welchen Nutzen das Projekt für dich selber gehabt hat und was du in Zukunft besser machen kannst.

16 Wie bereite ich ein Referat vor?

Manche melden sich freiwillig für einen Vortrag, um ihre Erdkundenote zu verbessern. Andere erhalten von der Lehrkraft einen Auftrag. Irgendwann bist du also auch dran. Die meisten Arbeitstechniken beherrschst du ja schon und deshalb brauchst du sie nur in die richtige Reihenfolge zu bringen.

1. Vorbereitung. Es spart viel Zeit, wenn du das Thema untergliederst und gezielt weitere Informationen – zusätzlich zum Schulbuch und Atlas – beschaffst. Nach einer schnellen Durchsicht wählst du die geeigneten Materialien aus. Beim Durcharbeiten der Materialien, die in die engere Wahl kommen, notierst du die Quelle (Titel, Verfasser, Erscheinungsjahr usw.) und schreibst Stichwörter auf. An dieser Stelle solltest du schon überlegen, wie du die Ergebnisse vorstellen willst (↗ Arbeitstechnik Nr. 17). Anhand deiner Gliederung stellst du jetzt die „Einzelteile" zusammen. Bewährt hat sich eine Übersicht mit drei Spalten. In der linken Spalte stehen die Stichworte, in der mittleren die Medien (Diaprojektor, OH-Projektor usw.), in der rechten die Zeitangaben. Wie viel Zeit du zur Verfügung hast, klärst du vorher. Wenn du technische Geräte einsetzen willst, musst du überprüfen, ob sie funktionieren.

2. Zu Hause üben. Ein Referat ist ein Vortrag und keine Vorlesung. Du weißt selber, wie ermüdend es ist, einem ohne Betonung vorgelesenen Bericht zu folgen. Die Schlussfolgerung ist einfach: Du trägst dein Referat mit eigenen Worten frei vor. Dazu ist nicht erforderlich, dass du den Text auswendig lernst. Dein „Spickzettel" mit den drei Spalten reicht völlig. Wenn du kurze Zitate mit einbauen willst, darfst du sie ruhig aus einem Buch oder von einem Extrablatt ablesen. Bis jetzt hast du nur einen ungefähren Überblick, wie lange dein Referat dauert. Da hilft nur eins: Du siehst auf die Uhr und fängst einfach mal an, sozusagen als Trockenübung. Wenn dir jemand zuhört und anschließend Tipps gibt, kann das auch nicht schaden. Bist du allein, lohnt sich die Aufnahme mit einem Kassettenrekorder. Danach hörst du dich ab und überarbeitest dein Referat.

17 Wie stelle ich meine Arbeitsergebnisse vor?

Wie oft hast du dich geärgert, dass du die Schrift an der Tafel oder auf der Folie nicht lesen konntest? Manchmal hört die ganze Klasse nicht zu, weil es so langweilig ist. Das passiert dir nicht, denn du gehst mit System vor.

1. Überprüfen, ob Geräte und Zubehör funktionieren. Die beste Vorbereitung nützt nichts, wenn du Dias seitenverkehrt projizierst und den Videorekorder oder DVD-Player nicht in Gang setzen kannst. Also: Kabel und Anschlüsse kontrollieren, notfalls den Hausmeister um ein Verlängerungskabel bitten. Ist die Tafel sauber, liegen Lineal, bunte Kreide und Folienstifte bereit? Brauchst du eine Wandkarte und Atlanten?

2. Vortragen der Ergebnisse des Referates. Gib zuerst das Thema bekannt und schreibe es an die Tafel oder auf eine Folie. Wenn du glaubst, dass die Zeit knapp ist, kannst du das schon vorher in der Pause tun. Sprich deutlich und sieh dabei deine Mitschülerinnen und Mitschüler an. Dann kommt keiner auf die Idee, sich zu unterhalten oder unter der Bank eine SMS zu schreiben. Neue Begriffe solltest du in einer Extraspalte an die Tafel schreiben. Eine kleine Tafelskizze lockert den Bericht auf. Auch wenn du eine Folie vorbereitet hast, kannst du sie noch mit Pfeilen oder Unterstreichungen ergänzen. Wenn du an die Tafel schreibst, rede dabei weiter. Aber zeige deinen Rücken nicht zu lange, sonst werden deine Zuhörer unruhig. Meist hören deine Mitschülerinnen und Mitschüler nur zu. Du kannst sie aber in deinen Vortrag einbinden, indem du sie z. B. aufforderst, eine bestimmte Atlasseite aufzuschlagen. Ist kein OH-Projektor vorhanden, kannst du vorher kopierte Abbildungen, kurze Texte und Tabellen verteilen und während des Vortrags darauf verweisen. Wenn du dich gut vorbereitet hast, solltest du auch Zwischenfragen zulassen. Das kündigst du am Anfang an. Zum Schluss fasst du die Ergebnisse zusammen und stellst noch einmal die Schwerpunkte heraus. Als „Extra“ gibst du jedem eine schriftliche Zusammenfassung – eine getippte DIN-A4-Seite genügt.

Zahlen und Maße

Flächen

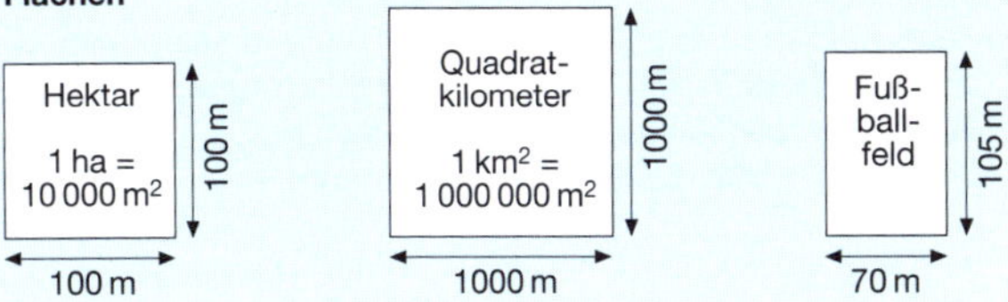

Längen

1 Kilometer (km) = 1000 Meter (m)
1 Meile (mi) = 1,609 km
1 Seemeile (sm) = 1,852 km

Rauminhalte

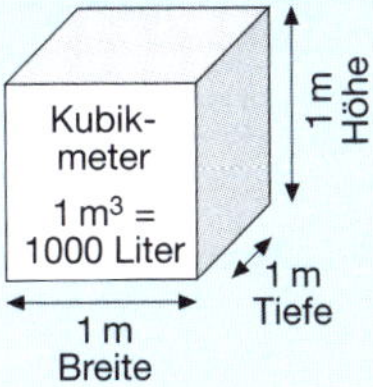

1 Eimer
rd. 10 Liter

1 barrel
159 Liter

Standard-Container
20-Fuß-Container
(1 Fuß = 0,3048 m)

Länge 20 Fuß = 6,1 m

Breite 2,44 m

Volumen 33,3 m³

Gewichte

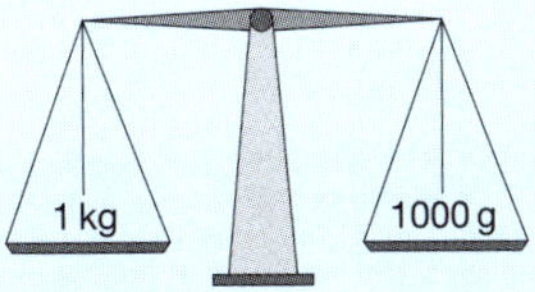

1 Tonne (t)	1000 kg
1 Dezitonne (dt)	100 kg

VW Golf V 1154–1451 kg

Merke:
1 Million (Mio.)
= 1000 x 1000
1 000 000
eine Eins und 6 Nullen

1 Milliarde (Mrd.)
1 000 000 000
eine Eins und 9 Nullen

Stichwortverzeichnis